JN123193

TEST OF PRACTICAL JAPANESE

J.TEST
〔F-G〕

実用日本語検定問題集
〔F-Gレベル〕
2019年

日本語検定協会 編

語文研究社

はじめに

　この『J.TEST 実用日本語検定 問題集[F-G レベル]2019 年』には、2019 年に実施され
た E-F レベル試験から 4 回相当分を選び、収めました。

　「J.TEST 実用日本語検定」の練習に利用してください。

　なお、「J.TEST 実用日本語検定」についての最新の情報は下記の URL をご覧ください。

J.TEST 事務局本部　http://j-test.jp/

日本語検定協会／J.TEST 事務局

【訂正】F-G
本書 3 ページ「はじめに」の文章
2 行目に誤りがございました。
以下のように訂正いたします。

　　誤：E-F レベル
　　正：F-G レベル

目 次

はじめに

試験問題

正解とスクリプト

実用日本語検定

TEST OF PRACTICAL JAPANESE

J.TEST

受験番号		氏　名	

注　意

試験が始まるまで、この問題用紙を開けないでください。

日本語検定協会／J．TEST事務局

J.TEST

実用日本語検定

読 解 試 験

1 文法・語彙問題

A 次の文の（ 　　 ）に1・2・3・4の中からいちばんいいものを入れてください。

（1）　トイレは（ 　　 ）です。
　　　　1　どの　　　　　　2　あの　　　　　　3　そちら　　　　4　どこ

（2）　（ 　　 ）日本にきましたか。
　　　　1　だれ　　　　　　2　いつ　　　　　　3　どこ　　　　　4　なに

（3）　ともだちは、びょういん（ 　　 ）つとめています。
　　　　1　に　　　　　　　　2　で　　　　　　　3　が　　　　　　4　と

（4）　ゆき（ 　　 ）でんしゃがとまりました。
　　　　1　を　　　　　　　　2　で　　　　　　　3　と　　　　　　4　に

（5）　ボールペン（ 　　 ）まんねんひつで書いてください。
　　　　1　は　　　　　　　　2　か　　　　　　　3　も　　　　　　4　の

（6）　あれは、この国でいちばん（ 　　 ）たてものです。
　　　　1　ゆうめいだ　　2　ゆうめいの　　　3　ゆうめいな　　4　ゆうめい

（7）　きのうは、少し（ 　　 ）。
　　　　1　あつかったです　　　　　　　　2　あつかったでした
　　　　3　あついでした　　　　　　　　　4　あついです

（8）　まだ雨が（ 　　 ）から、うちにいましょう。
　　　　1　ふりません　　2　ふりました　　3　ふっています　　4　ふりませんでした

（9）　はを（ 　　 ）ないで、ねます。
　　　　1　みがき　　　　2　みがいた　　　　3　みがか　　　　　4　みがいて

（10）　つぎのにちよう日は、（ 　　 ）でしょう。
　　　　1　はれて　　　　　2　はれなかった　3　はれた　　　　　4　はれる

B　次の文の（　　　）に１・２・３・４の中からいちばんいいものを入れてください。

(11)　きょうは、むいかです。あしたは、（　　　）です。
　　　1　ようか　　　　　2　とおか　　　　　3　ついたち　　　4　なのか

(12)　わたしは、本を3（　　　）読みました。
　　　1　個　　　　　　　2　本　　　　　　　3　枚　　　　　　4　冊

(13)　わたしは、かんこく語が（　　　）。
　　　1　しります　　　2　書きます　　　　3　わかります　　4　話します

(14)　このふくは、（　　　）から、すずしいです。
　　　1　うすい　　　　2　あつい　　　　　3　からい　　　　4　えらい

(15)　こうちゃに（　　　）を入れます。
　　　1　ホット　　　　2　はいざら　　　　3　さとう　　　　4　やさい

(16)　ゆうびんきょくまで（　　　）で行きましょう。
　　　1　タクシー　　　2　パソコン　　　　3　シャワー　　　4　ストーブ

(17)　早くくつを（　　　）ください。
　　　1　はいて　　　　2　きて　　　　　　3　して　　　　　4　かぶって

(18)　このこうえんは、（　　　）です。
　　　1　ぬるい　　　　2　わるい　　　　　3　ていねい　　　4　しずか

(19)　さいふに100円（　　　）ありません。
　　　1　ごろ　　　　　2　しか　　　　　　3　すぎ　　　　　4　くらい

(20)　バスのなかで、たばこを（　　　）ないでください。
　　　1　なくさ　　　　2　すわ　　　　　　3　のこさ　　　　4　かり

C　次の文の＿＿＿とだいたい同じ意味のものを１・２・３・４の中から選んでください。

(21)　わたしは、はたちです。
1　学生
2　男の子
3　にじゅっさい
4　女の子

(22)　けさ、ジュースをのみました。
1　ゆうべ
2　きょうのあさ
3　きのうのばん
4　おととい

(23)　ははのおねえさんは、70さいです。
1　おじさん
2　おばさん
3　おばあさん
4　おじいさん

(24)　ニュースはつまらないです。
1　おもしろい
2　おもしろくない
3　やさしい
4　やさしくない

(25)　チケットをもらいました。
1　ざっし
2　にもつ
3　はがき
4　きっぷ

2 読解問題

問題 1

次の文章を読んで、問題に答えてください。
答えは1・2・3・4の中からいちばんいいものを1つ選んでください。

わたしの友だちは、きょねん、結婚しました。おくさんは、ベトナム人で、29さいです。なまえは、アンさんです。友だちより3さいわかいです。アンさんと友だちは、大学で会いました。アンさんは留学生でした。アンさんは、大学を出てから、お酒の会社ではたらいています。ともだちは、銀行員です。

---

(26) 「わたしのともだち」は、何さいですか。
    1　26さいです。
    2　29さいです。
    3　30さいです。
    4　32さいです。

(27) いま、アンさんの仕事は、どれですか。
    1　大学生です。
    2　銀行員です。
    3　会社員です。
    4　留学生です。

問題　2

次の文章を読んで、問題に答えてください。
答えは1・2・3・4の中からいちばんいいものを1つ選んでください。

　わたしのへやは、アパートの5階にあります。少しせまいですが、大きいまどがありますから、明るいです。でも、エレベーターがありませんから、大変です。ものは少ないです。ベッドと本だなと小さいテーブルだけです。テレビはありませんが、ラジオがあります。いつもラジオを聞いています。れいぞうこもありませんから、ごはんは作りません。でも、近くのスーパーのおべんとうは、やすくて、おいしいですから、こまっていません。でも、つめたいのみ物をのみたいですから、れいぞうこがほしいです。

---

(28)　「わたし」のへやは、どんなへやですか。

　　　1　ものがたくさんあります。

　　　2　ひろくないです。

　　　3　少しくらいです。

　　　4　やすいです。

(29)　「わたし」はへやで何をしていますか。

　　　1　テレビを見ています。

　　　2　りょうりをしています。

　　　3　ラジオを聞いています。

　　　4　つめたいのみ物をのんでいます。

問題　3

次のお知らせを読んで、問題に答えてください。
答えは１・２・３・４の中からいちばんいいものを１つ選んでください。

パンを作ろう！

おとうさん、おかあさんといっしょに
かんたん、おいしいパンを作りましょう！

- ６月８日（どよう日）　13：00〜16：00
- おとな　1000円　　こども（10さいから）500円
- あおぞら市やよい町２　市民センター１階
- もちもの：エプロン、おかね

おいしいパンを作って、みんなで食べます。
15分まえに、手をあらってから、きてください。

ふっくらベーカリー

---

(30)　おとなひとりと、こどもふたりでいくらですか。

1　1000円です。

2　1500円です。

3　2000円です。

4　3000円です。

(31)　お知らせの内容と合っているのは、どれですか。

1　午後6時におわります。

2　パンを作るまえに、手をあらいます。

3　作ったパンは、うります。

4　こどもだけでパンを作ります。

問題　4

次のメールを読んで、問題に答えてください。
答えは1・2・3・4の中からいちばんいいものを1つ選んでください。

これは、ユリさんとレックさんのメールです。

（ユリさんが書いたメール）

> レックさん、こんにちは。らいしゅうのかよう日は、
> おかだ先生のたんじょう日ですね。何かあげますか。

（レックさんが書いたメール）

> はい。今、かんがえています。
> たいようデパートにいい花びんがありました。
> でも、高かったですから、買いませんでした。

> そうですか。じゃ、ふたりであげませんか。
> プレゼントといっしょにかわいいカードもあげたいです。

> いいですね。じゃ、いっしょに買いに行きましょう。
> きょうの午後、行きませんか。

> きょうの午後はアルバイトがありますが、
> あしたの午後はだいじょうぶです。

> わかりました。じゃ、あした、3時にえき
> の1ばん出口で、まっています。

---

(32) ユリさんは、きょう、何をしますか。

　　1　レックさんにたんじょう日プレゼントをあげます。

　　2　レックさんとデパートのまえで会います。

　　3　午後からアルバイトです。

　　4　何もしません。

(33) レックさんは、あした、何をしますか。

　　1　ユリさんとえきで会います。

　　2　おかだ先生と買い物に行きます。

　　3　花を見に行きます。

　　4　ひとりでデパートへ行きます。

問題　5

次の文章を読んで、問題に答えてください。
答えは1・2・3・4の中からいちばんいいものを1つ選んでください。

わたしは、よく歌を歌います。ギターもできます。ギターは、15さいのとき、あににならいました。はじめは、とてもむずかしくて、手がいたくなりました。でも、毎ばん練習しましたから、じょうずになりました。

きょねん、あにの結婚式がありました。わたしは、(ア) あにがいちばんすきな歌を歌いました。いっしょにギターをひきながら、歌った歌です。はじめて、ひとりで歌いました。人がおおぜいいましたから、どきどきしました。でも、たのしかったです。

8月に、学校のみんなとうみへ行きます。わたしは日本の歌を歌いたいです。友だちのコウさんも、ギターがじょうずですから、いっしょに歌います。(イ) このことは、学校のみんなはしりません。これから、練習をがんばります。

---

(34)　(ア)「あにがいちばんすきな歌」は、どんな歌ですか。

1　「わたし」が15さいのとき、あににならった歌です。

2　とてもむずかしい歌です。

3　日本の歌です。

4　「わたし」とあにがいっしょに歌った歌です。

(35)　(イ)「このこと」とは、どんなことですか。

1　「わたし」がうみへ行くことです。

2　「わたし」のあにが結婚したことです。

3　「わたし」とコウさんがいっしょに歌うことです。

4　「わたし」がギターの練習をがんばることです。

3 漢字問題

A 次のひらがなの漢字を1・2・3・4の中から1つ選んでください。

(36) つぎのテストは、くがつです。
　　　1　四月　　　　　　2　八月　　　　　　3　九月　　　　　　4　七月

(37) そのぼうしは、3ぜん円です。
　　　1　百　　　　　　　2　金　　　　　　　3　万　　　　　　　4　千

(38) 10分やすみます。
　　　1　来み　　　　　　2　休み　　　　　　3　電み　　　　　　4　止み

(39) えきのみなみ口は、むこうです。
　　　1　南　　　　　　　2　北　　　　　　　3　西　　　　　　　4　東

(40) きょうしつのそとにいてください。
　　　1　長　　　　　　　2　下　　　　　　　3　外　　　　　　　4　右

B　次の漢字の読み方を１・２・３・４・５・６の中から１つ選んでください。

(41)　きょうは、水よう日です。
　　　1　もく　　　　　2　すい　　　　　3　ど　　　　　4　か
　　　5　きん　　　　　6　にち

(42)　五時になりました。
　　　1　にじ　　　　　2　さんじ　　　　3　ごじ　　　　4　じゅうじ
　　　5　よじ　　　　　6　ろくじ

(43)　ざっしは、いすの上にあります。
　　　1　した　　　　　2　ひだり　　　　3　まえ　　　　4　よこ
　　　5　うえ　　　　　6　みぎ

(44)　このひとは、わたしの父です。
　　　1　はは　　　　　2　ちち　　　　　3　あね　　　　4　おとうと
　　　5　そふ　　　　　6　いもうと

(45)　白いくるまがほしいです。
　　　1　あおい　　　　2　やすい　　　　3　あかい　　　4　しろい
　　　5　あたらしい　　6　ちいさい

4　短文作成問題

例のように３つの言葉をならべて、ただしい文を作ってください。
１・２・３・４・５・６の中からいちばんいいものを１つ選んでください。

(例)

これは、【　1．という　　2．てんぷら　　3．りょうり　】です。

1　1→2→3　　2　1→3→2　　3　2→1→3　　4　2→3→1

5　3→1→2　　6　3→2→1

ただしいのは、「てんぷら　→　という　→　りょうり」です。
いちばんいいものは「3」です。

| れい | ① | ② | ● | ④ | ⑤ | ⑥ |

---

(46)

しんかんせんと【　1．はやい　　2．ひこうきと　　3．どちらが　】ですか。

1　1→2→3　　2　1→3→2　　3　2→1→3　　4　2→3→1
5　3→1→2　　6　3→2→1

(47)

ティンさんは、こんばんは【　1．よていが　　2．言いました　　3．あると　】。

1　1→2→3　　2　1→3→2　　3　2→1→3　　4　2→3→1
5　3→1→2　　6　3→2→1

(48)

わたしは、【　1．テニス　　2．2回（かい）　　3．一（いっ）か月（げつ）に　】をします。

1　1→2→3　　2　1→3→2　　3　2→1→3　　　4　2→3→1
5　3→1→2　　6　3→2→1

(49)

きのう、【　1．りんごを　　2．3つ　　3．ちいさい　】とバナナを食（た）べました。

1　1→2→3　　2　1→3→2　　3　2→1→3　　　4　2→3→1
5　3→1→2　　6　3→2→1

(50)

池田（いけだ）さんは【　1．高（たか）くて　　2．背（せ）が　　3．ハンサムな人（ひと）　】です。

1　1→2→3　　2　1→3→2　　3　2→1→3　　　4　2→3→1
5　3→1→2　　6　3→2→1

J.TEST

実用日本語検定

聴解試験
(ちょうかいしけん)

1 写真問題 (問題1～4)

例題

れい ● ② ③ ④　(答えは解答用紙にマークしてください)

A　問題1

- 24 -

B　問題2

C　問題3

D　問題4

2 聴読解問題 (問題5〜7)

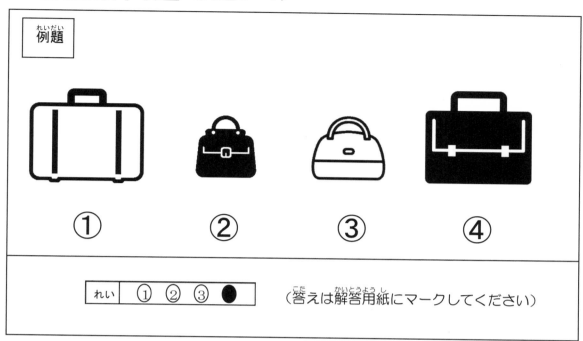

例題

① ② ③ ④

| れい | ① | ② | ③ | ● |

（答えは解答用紙にマークしてください）

E　問題5

5月

		1	2	3	4	5
					①	
6	7	8	9	10	11	12
②		③		④		
13	14	15	16	17	18	19

F 問題6

① ネパール

② インドネシア

③ たいわん

④ タイ

G 問題7

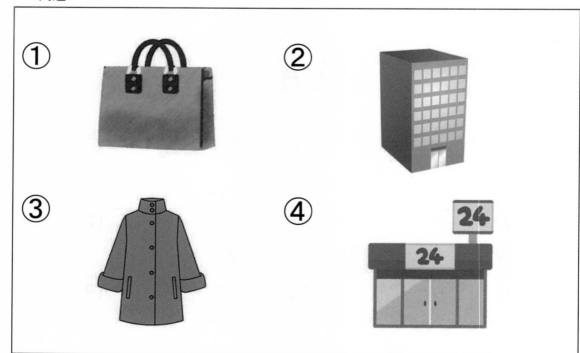

3 応答問題 （問題8～21）

（問題だけ聞いて答えてください。）

問題 8

問題 9

問題10

問題11

問題12

問題13

問題14

問題15

問題16

問題17

問題18

問題19

問題20

問題21

メモ（MEMO）

4 会話・説明問題 (問題22〜31)

<table>
<tr><td>例題</td><td>1　みみがいたいですから
2　あたまがいたいですから
3　はがいたいですから</td></tr>
</table>

れい　① ● ③　（答えは解答用紙にマークしてください）

1

問題22　1　にちよう日ですから
　　　　2　京都がすきですから
　　　　3　国から友だちがきますから

問題23　1　なつです。
　　　　2　あきです。
　　　　3　はるです。

2

問題24　1　げつよう日です。
　　　　2　かよう日です。
　　　　3　きんよう日です。

問題25　1　11時半までです。
　　　　2　12時半までです。
　　　　3　1時半までです。

3

問題26　1　りょうりがじょうずな人です。
　　　　2　げんきな人です。
　　　　3　しんせつな人です。

問題27　1　ひとりでこうえんへ行きます。
　　　　2　きっさてんであさごはんを食べます。
　　　　3　タロウとさんぽします。

問題28　1　1年まえです。
　　　　2　3年まえです。
　　　　3　5年まえです。

4

問題29　1　あるいて行きます。
　　　　2　じてんしゃで行きます。
　　　　3　ちかてつで行きます。

問題30　1　100メートルぐらいです。
　　　　2　400メートルぐらいです。
　　　　3　500メートルぐらいです。

問題31　1　しんごうをひだりへ行きます。
　　　　2　こうさてんをわたってから、みぎへ行きます。
　　　　3　みちをまっすぐ行きます。

おわり

実用日本語検定
TEST OF PRACTICAL JAPANESE

J.TEST

受験番号		氏 名	

注 意

試験が始まるまで、この問題用紙を開けないでください。

日本語検定協会／J.TEST事務局

J.TEST

実用日本語検定

```
┌─────────────────────┐
│   読解試験           │
└─────────────────────┘
```

読解試験

1 文法・語彙問題

A 次の文の（　　　）に1・2・3・4の中からいちばんいいものを入れてください。

(1) 太田：「（　　　）は、林さんです」

　　林 ：「はじめまして。林です」

　　　1 これ　　　　　2 あそこ　　　　　3 その　　　　　4 こちら

(2) ゆうびんきょくは、（　　　）よう日が休みですか。

　　　1 なん　　　　　2 いつ　　　　　3 どれ　　　　　4 どこ

(3) キムさん（　　　）作ったケーキは、おいしいです。

　　　1 を　　　　　2 で　　　　　3 は　　　　　4 が

(4) あのはし（　　　）わたりましょう。

　　　1 と　　　　　2 を　　　　　3 の　　　　　4 で

(5) にくとさかな（　　　）どちらがすきですか。

　　　1 に　　　　　2 を　　　　　3 へ　　　　　4 と

(6) あきになって、すこし（　　　）なりました。

　　　1 すずしいに　　2 すずしに　　3 すずしの　　4 すずしく

(7) 山田さんは、あまりげんき（　　　）。

　　　1 でした　　　　　　　　　2 です

　　　3 ではありませんでした　　4 でしょう

(8) あさ早く（　　　）から、ねむいです。

　　　1 おきません　　2 おきました　　3 おきない　　4 おきませんでした

(9) あしたはテストですから、（　　　）べんきょうします。

　　　1 ねた　　　　　2 ねないで　　　　3 ねる　　　　4 ねなくて

(10) あのしんごうを（　　　）と、本やがあります。

　　　1 まがる　　　　2 まがって　　　3 まがり　　　4 まがった

B 次の文の（　　　）に１・２・３・４の中からいちばんいいものを入れてください。

(11)　きょうは、よっかです。あしたは、（　　　）です。
　　　１　むいか　　　　　２　いつか　　　　　３　はつか　　　　４　ここのか

(12)　デパートの５（　　　）に、きっさてんがあります。
　　　１　さつ　　　　　　２　だい　　　　　　３　にん　　　　　４　かい

(13)　しゅみは、おかしを（　　　）ことです。
　　　１　つくる　　　　　２　まもる　　　　　３　なげる　　　　４　もつ

(14)　（　　　）ですから、さわらないでください。
　　　１　まるい　　　　　２　ひろい　　　　　３　あまい　　　　４　あぶない

(15)　きょうは、（　　　）がいいですから、あたたかいです。
　　　１　そら　　　　　　２　くうき　　　　　３　てんき　　　　４　くも

(16)　あついですね。（　　　）へ行きませんか。
　　　１　コピー　　　　　２　ニュース　　　　３　プール　　　　４　ビール

(17)　ここにえんぴつを（　　　）ください。
　　　１　はいて　　　　　２　おいて　　　　　３　よんで　　　　４　ならんで

(18)　きのうのパーティーは、（　　　）でした。
　　　１　べんり　　　　　２　ゆうめい　　　　３　ねっしん　　　４　にぎやか

(19)　４時（　　　）来てください。
　　　１　までに　　　　　２　まで　　　　　　３　だけ　　　　　４　ぐらい

(20)　すみません、このみず、（　　　）もいいですか。
　　　１　けして　　　　　２　もらって　　　　３　すわって　　　４　おしえて

C　次の文の＿＿＿とだいたい同じ意味のものを１・２・３・４の中から選んでください。

(21)　みかんをここのつもらいました。
　　　1　きゅうこ　　　　　　　　　2　ごこ
　　　3　はっこ　　　　　　　　　　4　いっこ

(22)　こんばん、おまつりがあります。
　　　1　これから　　　　　　　　　2　きょうのよる
　　　3　あしたのあさ　　　　　　　4　あさって

(23)　おくさんは、あのかたですか。
　　　1　あなたのおっと　　　　　　2　あなたのつま
　　　3　あなたのおとうと　　　　　4　あなたの子ども

(24)　このもんだいは、やさしいです。
　　　1　おもしろい　　　　　　　　2　むずかしい
　　　3　かんたん　　　　　　　　　4　すくない

(25)　テーブルを買いました。
　　　1　いす　　　　　　　　　　　2　れいぞうこ
　　　3　つくえ　　　　　　　　　　4　エアコン

2　読解問題

問題　1

次の文章を読んで、問題に答えてください。
答えは1・2・3・4の中からいちばんいいものを1つ選んでください。

わたしは、まいあさ7時におきます。コーヒーをのんでから、7時半にいえをでます。8時にかいしゃにつきます。それから、あさごはんを食べます。8時半から5時半まではたらきます。しごとのあとで、すぐに帰ります。10時半にねます。どよう日は、いつもよるにともだちに会いますから、12時にねます。きょうは、にちよう日ですから、はたらきません。うちで休みます。

---

(26)　「わたし」は、何時間かいしゃにいますか。
　　　1　8時間です。
　　　2　8時間半です。
　　　3　9時間です。
　　　4　9時間半です。

(27)　文章の内容と合っているのは、どれですか。
　　　1　うちからかいしゃまで1時間です。
　　　2　あさ、何も食べません。
　　　3　きのう、10時半にねました。
　　　4　あした、7時におきます。

問題　2

次の文章を読んで、問題に答えてください。
答えは1・2・3・4の中からいちばんいいものを1つ選んでください。

　先月、長い休みがありましたから、ともだちと奈良に行きました。奈良にはふるくて、りっぱなおてらがたくさんあります。わたしたちは、奈良えきでじてんしゃをかりて、3つのおてらに行きました。外国人や日本人の学生がたくさんいました。4月はさくらがきれいですから、奈良こうえんでおべんとうを食べたかったですが、雨がふりましたから、行きませんでした。とてもあつい日でしたから、アイスクリームを食べました。ひるごはんは食べませんでした。わたしは、奈良がすきですから、つぎは、あきに行って、奈良こうえんでおべんとうを食べたいです。

---

(28)　奈良で何をしましたか。
　　　1　じてんしゃにのりました。
　　　2　ともだちに会いました。
　　　3　おべんとうを食べました。
　　　4　こうえんをさんぽしました。

(29)　奈良にどんなおてらがありますか。
　　　1　小さいおてらです。
　　　2　あたらしいおてらです。
　　　3　ふるいおてらです。
　　　4　しずかなおてらです。

問題　3

次のチラシを見て、問題に答えてください。
答えは1・2・3・4の中からいちばんいいものを1つ選んでください。

さくらスーパー		
牛乳	1本	140円
みかん	5つ	500円
卵	3パック	500円

やまとストア		
牛乳	1本	200円
みかん	1つ	70円
卵	1パック	350円

スーパーあさひ		
牛乳	3本	300円
みかん	5つ	300円
卵	3パック	400円

ABCストア		
牛乳	3本	600円
みかん	1つ	100円
卵	1パック	200円

(30)　牛乳は、どこがいちばんやすいですか。

1　さくらスーパーです。
2　やまとストアです。
3　スーパーあさひです。
4　ABCストアです。

(31)　チラシの内容と合っているのは、どれですか。

1　スーパーあさひは、やまとストアより、みかんがたかいです。
2　やまとストアは、ABCストアより、みかんがやすいです。
3　スーパーあさひは、ABCストアより、卵がたかいです。
4　さくらスーパーは、卵がいちばんやすいです。

問題　4

次のメールを読んで、問題に答えてください。
答えは1・2・3・4の中からいちばんいいものを1つ選んでください。

これは、ニカさんと武田さんのメールです。

(ニカさんが書いたメール)

> 武田さん、わかばえきにつきました。
> 武田さんのうちまでどうやって行きますか。

(武田さんが書いたメール)

> ニカさん、南口のまえのみちをまっすぐ来てください。大きいこうえんがありますから、すぐとなりのアパートです。あるいて15分くらいです。

> わかりました。何か買っていきますか。

> ジュースとワインをおねがいします。
> えきまえにスーパーがあります。
> ちょっとおもいですが、だいじょうぶですか。

> うーん。にもつが多いですから。
> こまったなぁ。

> じゃ、ホセさんがもうすぐえきにつきますから、いっしょに来てください。そこでまっていてください。

> わかりました。

---

(32) ニカさんは、これから何をしますか。

　1　武田さんのうちへ行きます。

　2　ジュースとワインを買います。

　3　えきでホセさんをまちます。

　4　ホセさんにメールします。

(33) 武田さんについて、メールの内容と合っているのは、どれですか。

　1　ニカさんとえきで会います。

　2　ホセさんをしりません。

　3　えきまえのこうえんのとなりにすんでいます。

　4　ニカさんに買いものをたのみました。

問題　5

次の文章を読んで、問題に答えてください。
答えは1・2・3・4の中からいちばんいいものを1つ選んでください。

　わたしはきょねん、大学を1年休んで外国へ行きました。りょこうしながらしゃしんを
とって、インターネットのにっきにのせていました。

　ある国にいたとき、ハンさんという男の人からメールをもらいました。ハンさんのうち
へ行って、ハンさんとハンさんのかぞくとしょくじをしました。ハンさんたちはしゃしんが
とてもすてきだと言ってくれました。ハンさんはりょこう会社のしゃちょうでした。ハンさ
んは「いっしょに、はたらきませんか」と言いましたが、わたしはりょこうしたかったので、
「すみません」と言いました。でも、しゃしんを10まい買ってもらいました。

　それから、アジアからヨーロッパ、アメリカへ行きました。2しゅうかんまえ、わたしは、
日本へ帰ってきて、また学生になりました。今はべんきょうとアルバイトがいそがしいです。
ハンさんとは、今もときどきメールをしています。

---

(34)　「わたし」は今、何をしていますか。
　　　1　りょこうしています。
　　　2　しゃしんをとっています。
　　　3　大学にかよっています。
　　　4　ハンさんとはたらいています。

(35)　ハンさんについて、文章の内容と合っているのは、どれですか。
　　　1　りょこうがすきです。
　　　2　「わたし」にしゃしんを買ってくれました。
　　　3　かいしゃをもっています。
　　　4　おっとと子どもがいます。

3 漢字問題

A 次のひらがなの漢字を1・2・3・4の中から1つ選んでください。

(36) なつやすみは、<u>はちがつ</u>です。
    1 八月   2 十月   3 七月   4 六月

(37) あのちゃわんは、4<u>ひゃくまん</u>円です。
    1 百万   2 百千   3 千万   4 万千

(38) リンさんは、わたしの<u>とも</u>だちです。
    1 右   2 友   3 天   4 毎

(39) <u>で</u>口は、あちらです。
    1 東   2 出   3 入   4 北

(40) <u>ごご</u>からでかけましょう。
    1 午後   2 午前   3 午五   4 正午

B 次の漢字の読み方を 1・2・3・4・5・6 の中から１つ選んでください。

(41)　きょうは、金よう日です。
　　　　1　きん　　　　　2　すい　　　　　3　もく　　　　　4　にち
　　　　5　ど　　　　　　6　か

(42)　九時になりました。
　　　　1　きゅう　　　　2　よん　　　　　3　く　　　　　　4　し
　　　　5　よ　　　　　　6　さん

(43)　かさは、たなの下にあります。
　　　　1　よこ　　　　　2　した　　　　　3　まえ　　　　　4　うえ
　　　　5　ひだり　　　　6　みぎ

(44)　このひとは、わたしの母です。
　　　　1　そぼ　　　　　2　ちち　　　　　3　はは　　　　　4　そふ
　　　　5　いもうと　　　6　あね

(45)　高いカメラがほしいです。
　　　　1　あおい　　　　2　やすい　　　　3　たかい　　　　4　あたらしい
　　　　5　あかい　　　　6　しろい

J.TEST

実用日本語検定

聴解試験
（ちょうかいしけん）

---

1 写真問題 (問題1〜4)

例題

れい ● ② ③ ④ （答えは解答用紙にマークしてください）

A　問題1

- 50 -

B 　問題2

C 　問題3

D　問題4

2 聴読解問題 (問題5〜7)

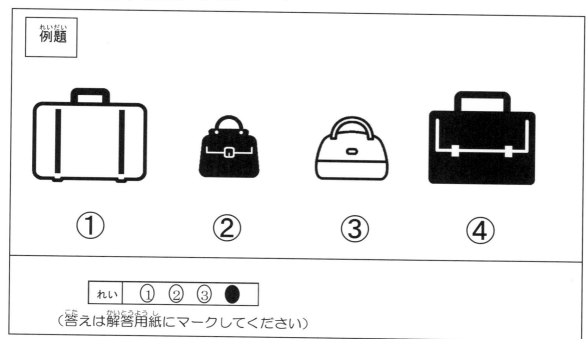

例題

① ② ③ ④

れい ① ② ③ ●

（答えは解答用紙にマークしてください）

E 問題5

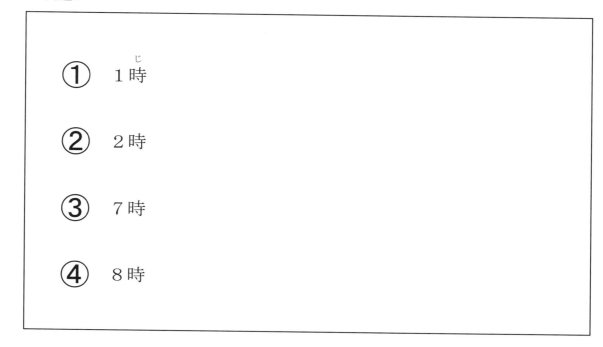

① 1時

② 2時

③ 7時

④ 8時

F 問題6

G 問題7

3 応答問題 (問題8～21)

(問題だけ聞いて答えてください。)

問題 8

問題 9

問題10

問題11

問題12

問題13

問題14

問題15

問題16

問題17

問題18

問題19

問題20

問題21

メモ (MEMO)

4 会話・説明問題（問題22～31）

例題	
	1　みみがいたいですから
	2　あたまがいたいですから
	3　はがいたいですから

れい　① ● ③

（答えは解答用紙にマークしてください）

1

問題22　1　ふたりです。
　　　　2　3人です。
　　　　3　5人です。

問題23　1　ふたりです。
　　　　2　3人です。
　　　　3　4人です。

2

問題24　1　とても大きなまちです。
　　　　2　学校のちかくです。
　　　　3　いなかです。

問題25　1　ふべんですから
　　　　2　やちんが　たかいですから
　　　　3　国へ帰りますから

問題26　1　おんせんに　はいることです。
　　　　2　山にのぼることです。
　　　　3　外国をりょこうすることです。

問題27　1　18さいです。
　　　　2　30さいです。
　　　　3　48さいです。

問題28　1　ヒマラヤにある山です。
　　　　2　きゅうしゅうの山です。
　　　　3　男の人のうちの　ちかくにある山です。

問題29　1　いしゃです。
　　　　2　かいしゃいんです。
　　　　3　かんごしです。

問題30　1　学校です。
　　　　2　びょういんです。
　　　　3　レストランです。

問題31　1　かいぎに　でます。
　　　　2　うちへ帰ります。
　　　　3　くすりを　のみます。

おわり

実用日本語検定

TEST OF PRACTICAL JAPANESE

J.TEST

受験番号		氏　名	

注　意

試験が始まるまで、この問題用紙を開けないでください。

日本語検定協会／Ｊ．ＴＥＳＴ事務局

J.TEST

実用日本語検定

読解試験

1 文法・語彙問題

A 次の文の（　　　）に1・2・3・4の中からいちばんいいものを入れてください。

（1）（　　　）かいしゃで、はたらいています。
　　　1　それ　　　　　2　ここ　　　　　3　あそこの　　　4　こちら

（2）堀　　　　：エミリーちゃんは、（　　　）ですか。
　　　エミリー：8さいです。
　　　1　どっち　　　　2　なぜ　　　　　3　なに　　　　　4　おいくつ

（3）しんかんせん（　　　）京都へ行きます。
　　　1　と　　　　　　2　を　　　　　　3　で　　　　　　4　に

（4）このりょうりは、ぶたにく（　　　）ぎゅうにくをつかってください。
　　　1　で　　　　　　2　か　　　　　　3　の　　　　　　4　を

（5）かみ（　　　）にんぎょうをつくりました。
　　　1　で　　　　　　2　に　　　　　　3　を　　　　　　4　が

（6）そのじしょは、あまり（　　　）です。
　　　1　いい　　　　　2　よかった　　　3　よい　　　　　4　よくない

（7）つめたいジュースが（　　　）。
　　　1　のみたいです　　　　　　　　　2　のみましょう
　　　3　のみません　　　　　　　　　　4　のんでください

（8）かぜですか。むりを（　　　）、休んでください。
　　　1　して　　　　　2　してから　　　3　しなくて　　　4　しないで

（9）今月は、雨がぜんぜん（　　　）。
　　　1　ふります　　　2　ふりません　　3　ふっています　4　ふりました

（10）ハイ：「カンさんは（　　　）日本にいますか」
　　　カン：「来年の9月です」
　　　1　いつまで　　　　　　　　　　　2　いつでも
　　　3　どのぐらい　　　　　　　　　　4　どうやって

B 次の文の（　　　）に１・２・３・４の中からいちばんいいものを入れてください。

(11) きょうは、すいよう日です。（　　　）は、げつよう日です。
　　　1　おととい　　　　2　きのう　　　　3　あした　　　　4　あさって

(12) きってを２（　　　）はってください。
　　　1　ほん　　　　　2　はい　　　　　3　まい　　　　　4　だい

(13) いもうとのしゅくだいを（　　　）あげました。
　　　1　かけて　　　　2　みて　　　　3　なくして　　　　4　さして

(14) この本は、うすいですから、（　　　）です。
　　　1　ひくい　　　　2　ひろい　　　　3　かるい　　　　4　わかい

(15) たばこをすいますから、（　　　）をかしてください。
　　　1　ちゃわん　　　　2　はいざら　　　　3　ポット　　　　4　バナナ

(16) これは、（　　　）が小さいです。
　　　1　サイズ　　　　2　エアメール　　　3　エレベーター　　4　ニュース

(17) 電気を（　　　）ましょう。
　　　1　しめ　　　　2　きえ　　　　3　とじ　　　　4　けし

(18) このへやは、（　　　）、いいですね。
　　　1　ぬるくて　　　　2　あかるくて　　　3　いそがしくて　　4　むずかしくて

(19) ひとり１つ（　　　）とってください。
　　　1　から　　　　2　など　　　　3　ずつ　　　　4　より

(20) ねるまえに、はを（　　　）。
　　　1　かえします　　　2　みがきます　　　3　すてます　　　4　せんたくします

C　次の文の_____とだいたい同じ意味のものを１・２・３・４の中から選んでください。

(21)　きれいな<u>おてあらい</u>ですね。
　　　1　げんかん　　　　　　　　　　2　マッチ
　　　3　トイレ　　　　　　　　　　　4　かびん

(22)　<u>しょうご</u>に電話します。
　　　1　ごぜん　　　　　　　　　　　2　ごご
　　　3　よるの 12時　　　　　　　　 4　ひるの 12 時

(23)　このしゃしんの人は、<u>ちちのおとうと</u>です。
　　　1　そぼ　　　　　　　　　　　　2　おば
　　　3　そふ　　　　　　　　　　　　4　おじ

(24)　みちが<u>まがって</u>います。
　　　1　まっすぐです　　　　　　　　2　まっすぐじゃありません
　　　3　りっぱです　　　　　　　　　4　りっぱじゃありません

(25)　あの<u>コート</u>を見せてください。
　　　1　ぼうし　　　　　　　　　　　2　スカート
　　　3　かさ　　　　　　　　　　　　4　うわぎ

2 読解問題

問題　1

次の文章を読んで、問題に答えてください。
答えは１・２・３・４の中からいちばんいいものを１つ選んでください。

　わたしは、デパートへ行きました。５かいでえい語の本とペンを買いました。本は1000円、ペンは500円でした。ジョンさんのたんじょうびプレゼントです。それから、ちか１かいでチョコレートのパンを４つ買いました。ひとつ200円でした。よる、かぞくで食べました。ちちは、あまいものを食べませんから、いもうとに２つあげました。

---

(26)　ジョンさんのプレゼントは、いくらですか。
　　　1　200円です。
　　　2　500円です。
　　　3　1000円です。
　　　4　1500円です。

(27)　文章の内容と合っているのは、どれですか。
　　　1　パンうりばは、１かいです。
　　　2　パンは、ぜんぶで800円です。
　　　3　「わたし」のおとうさんは、あまいものがすきです。
　　　4　「わたし」は、おかあさんとかいものに行きました。

問題　2

次の文章を読んで、問題に答えてください。
答えは1・2・3・4の中からいちばんいいものを1つ選んでください。

　わたしのいえのちかくに、あけぼのこうえんがあります。あさはすずしいですから、さん

ぽする人がおおいです。わたしも1しゅうかんに2かいぐらいさんぽしています。みどりが

たくさんあって、大きないけもあります。あさは、とりがたくさんいます。ひるから子ども

たちがあそびに来ます。とてもにぎやかです。こうえんには、いろいろなはながあります。

とてもきれいです。たくさんはなのなまえをしりたいですから、はなの本をもって行きます。

---

(28)　あけぼのこうえんは、どんなこうえんですか。
　　　1　いつもすずしいこうえんです。
　　　2　みどりがすくないこうえんです。
　　　3　ひる、にぎやかなこうえんです。
　　　4　小さいいけがあるこうえんです。

(29)　「わたし」は、こうえんで何をしますか。
　　　1　はなの本を見ます。
　　　2　とりのしゃしんをとります。
　　　3　まいにちさんぽします。
　　　4　子どもといっしょにあそびます。

問題　3

次のおしらせを読んで、問題に答えてください。
答えは１・２・３・４の中からいちばんいいものを１つ選んでください。

子ども　すいえいきょうしつ

小学生のみなさん、なつやすみにれんしゅうしましょう。

日にち　　：７月20日・７月27日・８月３日・８月10日
時間　　　：ごご２時～３時
ばしょ　　：ふじ市民プール
もちもの　：みずぎ、すいえいぼうし、タオル

＊小学生（６さい～12さい）のきょうしつです。
＊お金はかかりません。
＊15分まえにプールに来てください。

きょうしつに来たい人は、７月15日までに電話をください。
ふじ市民プール　☎ 03-1234-56XX（９時～17時）

---

(30)　れんしゅうの日、何時にプールへ行きますか。
　　　1　ごご１時45分です。
　　　2　ごご２時です。
　　　3　ごご２時15分です。
　　　4　ごご２時45分です。

(31)　おしらせの内容と合っているのは、どれですか。
　　　1　おとこの子だけのきょうしつです。
　　　2　みずぎは、なくてもいいです。
　　　3　きょうしつは、ぜんぶで２時間です。
　　　4　れんしゅうしたい人は、まずプールに電話します。

問題　4

次のメールを読んで、問題に答えてください。
答えは1・2・3・4の中からいちばんいいものを1つ選んでください。

これは、ラフルさんとパクさんのメールです。

(ラフルさんが書いたメール)

> パクさん、こんにちは。あしたは、どよう日ですから、
> 学校が休みですね。いっしょにべんきょうしませんか。

(パクさんが書いたメール)

> ラフルさん、こんにちは。
> あしたは、コンビニのアルバイトがあります。
> 日よう日はどうですか。

> 日よう日は、あさ、きょうかいへ行きますが、
> ごごからひまです。

> じゃ、日よう日のごごにしましょう。
> どこでべんきょうしますか。

> 学校のちかくのあさひとしょかんはどうですか。
> 12時に学校のまえでまっていますね。
> としょかんのにわで、おべんとうを食べてから、
> べんきょうしましょう。

> あさひとしょかんのしょくどうで食べませんか。
> カレーがやすくて、おいしいですよ。

> いいですね。そうしましょう。

---

(32)　ふたりは、どこであいますか。
　　　1　学校です。
　　　2　としょかんのにわです。
　　　3　としょかんのしょくどうです。
　　　4　コンビニです。

(33)　ふたりは日よう日、べんきょうのまえに、何をしますか。
　　　1　きょうかいへ行きます。
　　　2　カレーを食べます。
　　　3　アルバイトをします。
　　　4　おべんとうをつくります。

問題　5

次の文章を読んで、問題に答えてください。
答えは1・2・3・4の中からいちばんいいものを1つ選んでください。

　わたしは車がだいすきです。イタリアやフランスの車がすきです。よく車のざっしを見ています。でも、わたしの車は、しろい日本の車です。外国のは、たかいですから、見るだけです。ながい休みのとき、いつもかのじょや友だちとうみや山へ行きます。きょねんのふゆは、山形へスキーに行きました。こんどの休みは、北海道をりょこうします。

　車は、わたしが25さいのときに買いました。もう10年のっていますから、すこしふるくなりました。来年けっこんしたら、かぞくができますから、大きい車がほしいです。でも、いまはまだ、車を買うお金がありません。ですから、がんばってはたらいて、はやくあたらしい車を買いたいです。

---

(34) あたらしい車は、どんな車ですか。

　1　しろい車です。
　2　外国の車です。
　3　大きい車です。
　4　やすい車です。

(35) 「わたし」は、どうしてあたらしい車を買いたいですか。

　1　いまもっている車が、すきじゃありませんから
　2　友だちとりょこうに行きたいですから
　3　いま、お金がたくさんありますから
　4　かぞくがおおくなりますから

3 漢字問題

A 次のひらがなの漢字を１・２・３・４の中から１つ選んでください。

(36) かんこく人の学生は、しちにんです。
    1 七人   2 十人   3 九人   4 六人

(37) このえは、３びゃくまん円です。
    1 千万   2 万千   3 百万   4 百千

(38) さきにかえります。
    1 少   2 先   3 左   4 高

(39) あれは、ゆうめいなかわです。
    1 長   2 川   3 南   4 毎

(40) おんなの人がたっています。
    1 男   2 母   3 女   4 東

B 次の漢字の読み方を1・2・3・4・5・6の中から1つ選んでください。

(41) きょうは、木よう日です。
　　1　か　　　　　2　すい　　　　3　ど　　　　4　げつ
　　5　もく　　　　6　きん

(42) 四時からはじめます。
　　1　ご　　　　　2　よん　　　　3　よ　　　　4　ろく
　　5　く　　　　　6　よう

(43) はさみは、テレビの前にありますよ。
　　1　ひだり　　　2　した　　　　3　まえ　　　4　よこ
　　5　うえ　　　　6　みぎ

(44) 朝、りんごを食べます。
　　1　あさ　　　　2　ひる　　　　3　ばん　　　4　けさ
　　5　よる　　　　6　いま

(45) 安いシャツをかいました。
　　1　しろい　　　2　やすい　　　3　たかい　　4　くろい
　　5　あおい　　　6　あかい

4 短文作成問題

例のように3つの言葉をならべて、ただしい文を作ってください。
1・2・3・4・5・6の中からいちばんいいものを1つ選んでください。

（例）

これは、【 1. という　　2. てんぷら　　3. りょうり　　】です。

1　1→2→3　　2　1→3→2　　3　2→1→3　　4　2→3→1
5　3→1→2　　6　3→2→1

ただしい文は、「てんぷら　→　という　→　りょうり」です。
いちばんいいものは「3」です。

| れい | ① | ② | ● | ④ | ⑤ | ⑥ |

---

(46)

ぎんこうと【 1. あいだに　　2. くつやの　　3. ちかてつの　　】出口があります。

1　1→2→3　　2　1→3→2　　3　2→1→3　　4　2→3→1
5　3→1→2　　6　3→2→1

(47)

わたしは、子どもを【 1. りっぱな　　2. したい　　3 いしゃに 】です。

1　1→2→3　　2　1→3→2　　3　2→1→3　　4　2→3→1
5　3→1→2　　6　3→2→1

(48)

あねの【　1．ながい　　2．かみは　　3．わたしより　】です。

　　1　1→2→3　　　2　1→3→2　　　3　2→1→3　　　4　2→3→1
　　5　3→1→2　　　6　3→2→1

(49)

いちばん【　1．人_{ひと}　　2．じょうずな　　3．うたが　】は、ジョナさんです。

　　1　1→2→3　　　2　1→3→2　　　3　2→1→3　　　4　2→3→1
　　5　3→1→2　　　6　3→2→1

(50)

わたしは、【　1．けいざいの　　2．けんきゅう　　3．日本へ　】に来ました。

　　1　1→2→3　　　2　1→3→2　　　3　2→1→3　　　4　2→3→1
　　5　3→1→2　　　6　3→2→1

J.TEST

実用日本語検定

聴 解 試 験

1 写真問題 （問題1〜4）

例題

れい	● ② ③ ④

（答えは解答用紙にマークしてください）

A 問題1

B　問題2

C　問題3

2 聴読解問題 (問題5〜7)

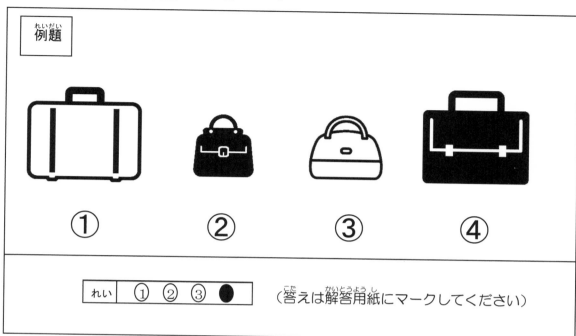

例題

① ② ③ ④

れい	① ② ③ ●

（答えは解答用紙にマークしてください）

E 問題5

1　9人

2　10人

3　12人

4　20人

F 問題6

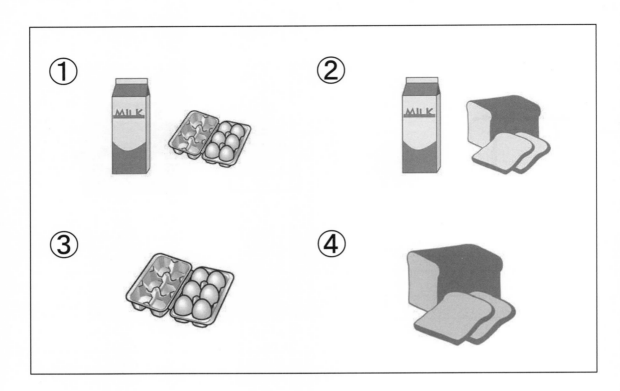

G 問題7

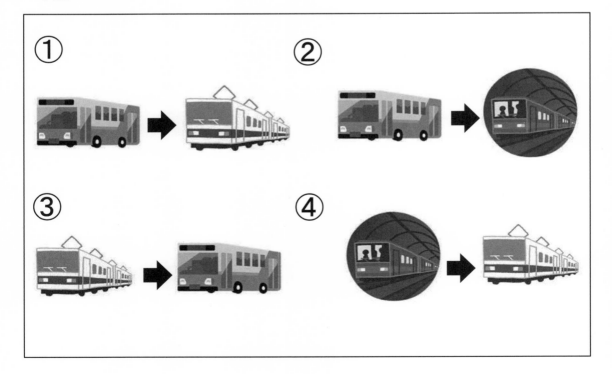

3 応答問題 （問題8〜21）

（問題だけ聞いて答えてください。）

例題1	→	れい	●	②	③
例題2	→	れい	①	●	③

（答えは解答用紙にマークしてください）

問題 8

問題 9

問題10

問題11

問題12

問題13

問題14

問題15

問題16

問題17

問題18

問題19

問題20

問題21

メモ（MEMO）

4 会話・説明問題 <ruby>会<rt>かい</rt></ruby><ruby>話<rt>わ</rt></ruby>・<ruby>説<rt>せつ</rt></ruby><ruby>明<rt>めい</rt></ruby><ruby>問<rt>もん</rt></ruby><ruby>題<rt>だい</rt></ruby>（問題22〜31）

1

問題22　1　チャンさんのいえです。

　　　　2　ベトナムです。

　　　　3　レストランです。

問題23　1　ひとりです。

　　　　2　チャンさんです。

　　　　3　チャンさんとミカさんです。

2

問題24　1　はなびを見てから、ごはんを食べました。

　　　　2　はなびを見るまえに、ごはんを食べました。

　　　　3　はなびを見ないで、ごはんを食べました。

問題25　1　おとこの人は、ひとりで　はなびたいかいに行きました。

　　　　2　日本では、なつに　はなびたいかいがたくさんあります。

　　　　3　おとこの人は、日本で　はじめてはなびを見ました。

- 82 -

3

問題26　1　タイで　はたらいていますから
　　　　2　お父さんがタイ人ですから
　　　　3　タイにすんでいましたから

問題27　1　15さいです。
　　　　2　17さいです。
　　　　3　19さいです。

問題28　1　またタイにすみたいとおもっています。
　　　　2　来年、日本の大学に行きます。
　　　　3　タイより日本のほうがすきです。

4

問題29　1　べんきょうします。
　　　　2　はたらきます。
　　　　3　かいしゃをつくります。

問題30　1　おとこの人です。
　　　　2　おんなの人です。
　　　　3　どちらもです。

問題31　1　半年だけ、りゅう学します。
　　　　2　12月になったら、アメリカへ行きます。
　　　　3　友だちとアメリカでしごとをします。

おわり

実用日本語検定

TEST OF PRACTICAL JAPANESE

J.TEST

受験番号		氏　名	

注　意

試験が始まるまで、この問題用紙を開けないでください。

日本語検定協会／Ｊ．ＴＥＳＴ事務局

J.TEST

実用日本語検定

1 文法・語彙問題　　　問題　（1）〜（25）

2 読解問題　　　　　　問題　（26）〜（35）

3 漢字問題　　　　　　問題　（36）〜（45）

4 短文作成問題　　　　問題　（46）〜（50）

1 文法・語彙問題

A 次の文の（　　　）に1・2・3・4からいちばんいいものを入れてください。

（1）　（　　　）にもつは、おおきいですね。
　　　1　それ　　　　　2　ここ　　　　　3　その　　　　　4　そちら

（2）　A：あ、あそこにシンディさんがいます。
　　　B：（　　　）ですか。
　　　1　どのかた　　　2　いつ　　　　　3　どの　　　　　4　あそこの

（3）　コーヒーとこうちゃ（　　　）どちらがすきですか。
　　　1　と　　　　　　2　を　　　　　　3　も　　　　　　4　に

（4）　ボールペン（　　　）書いてください。
　　　1　の　　　　　　2　が　　　　　　3　へ　　　　　　4　で

（5）　このはなしは、だれ（　　　）しりません。
　　　1　に　　　　　　2　も　　　　　　3　は　　　　　　4　が

（6）　あのみせは、おいしくて、（　　　）です。
　　　1　ゆうめい　　　2　ゆうめいな　　3　ゆうめいに　　4　ゆうめいだ

（7）　きのうのパーティーは、ぜんぜん（　　　）です。
　　　1　たのしいです　　　　　　　　　2　たのしくない
　　　3　たのしかった　　　　　　　　　4　たのしくなかった

（8）　あしたあめがふるか（　　　）か、わかりません。
　　　1　ふった　　　　2　ふって　　　　3　ふり　　　　　4　ふらない

（9）　うたを（　　　）ながら、さんぽします。
　　　1　うたった　　　2　うたって　　　3　うたい　　　　4　うたう

（10）　ハイン：けんじくんは、（　　　）しょくどうにいますか。
　　　　カン　：いいえ、かえりました。
　　　1　では　　　　　2　まだ　　　　　3　すぐに　　　　4　よく

B　次の文の（　　　）に１・２・３・４からいちばんいいものを入れてください。

(11)　きょうは、よっかです。（　　　）は、むいかです。
　　　　１　らいしゅう　　　２　まいつき　　　　３　あさって　　　　４　あした

(12)　このチケットは、２（　　　）つかうことができます。
　　　　１　かい　　　　　　　２　こ　　　　　　　３　ばん　　　　　　４　だい

(13)　シャワーを（　　　）います。
　　　　１　のぼって　　　　２　あんで　　　　　３　なくして　　　　４　あびて

(14)　おふろがあついですから、みずを入れて、（　　　）しましょう。
　　　　１　くろく　　　　　２　くらく　　　　　３　まるく　　　　　４　ぬるく

(15)　この（　　　）は、みじかいです。
　　　　１　せん　　　　　　２　こえ　　　　　　３　ほか　　　　　　４　もん

(16)　（　　　）は、ホテルの３０かいにあります。
　　　　１　テープ　　　　　２　プール　　　　　３　カード　　　　　４　ビル

(17)　（　　　）あそびに行きたいです。
　　　　１　さあ　　　　　　２　そう　　　　　　３　より　　　　　　４　また

(18)　ひこうきで１５時間ですか。（　　　）ですね。
　　　　１　ほそい　　　　　２　とおい　　　　　３　きたない　　　　４　せまい

(19)　みちのひだり（　　　）をあるきましょう。
　　　　１　から　　　　　　２　ころ　　　　　　３　がわ　　　　　　４　へん

(20)　こうえんでねこが（　　　）います。
　　　　１　わすれて　　　　２　さして　　　　　３　ないて　　　　　４　かりて

C　次の文の＿＿＿とだいたい同じ意味のものを１・２・３・４から選んでください。

(21)　ポンさんは、さくら高校のせいとです。
　　　　1　先生　　　　　　　　　　　　2　校長
　　　　3　学生　　　　　　　　　　　　4　友だち

(22)　2ねんまえ、けっこんしました。
　　　　1　せんせんげつ　　　　　　　　2　おととし
　　　　3　さくばん　　　　　　　　　　4　おととい

(23)　おなかがいっぱいです。
　　　　1　おなかのなかに何もありません　2　つめたいものをのみました
　　　　3　おなかがいたいです　　　　　　4　ごはんをたくさん食べました

(24)　11じにねました。
　　　　1　テレビをつけました　　　　　2　めをあけました
　　　　3　ベッドに入りました　　　　　4　ベッドを出ました

(25)　わたしのじどうしゃは、ドイツのです。
　　　　1　じてんしゃ　　　　　　　　　2　バイク
　　　　3　くるま　　　　　　　　　　　4　バス

2 読解問題

問題　1

次の文章を読んで、問題に答えてください。
答えは１・２・３・４からいちばんいいものを１つ選んでください。

　　わたしは、かいしゃいんです。ホテルではたらいています。げつよう日が休みです。き

のうは、休みでしたから、午後２時から５時まで、えい語きょうしつへ行きました。それ

から、いえでえい語のしゅくだいをしました。わたしのかいしゃは、来年、香港にホテル

をつくります。わたしは、そこではたらきますから、先月からえい語のべんきょうをして

います。

---

(26)　きょうは、何よう日ですか。
　　1　にちよう日です。
　　2　げつよう日です。
　　3　かよう日です。
　　4　すいよう日です。

(27)　「わたし」について、文章の内容と合っているのは、どれですか。
　　1　今、学生です。
　　2　にちよう日、はたらきます。
　　3　先月、香港へ行きました。
　　4　きのう、２時間えい語をならいました。

問題　2

次の文章を読んで、問題に答えてください。
答えは1・2・3・4からいちばんいいものを1つ選んでください。

　きのう、おばとバスで銀座へ行きました。あかいスカートをかって、スパゲッティを食べて、それからアメリカのえいがを見ました。えいがは、とてもおもしろかったです。わたしは、デパートのレストランでばんごはんも食べたかったですが、おばは、「あめだから、はやくかえりましょう」といいました。ですから、デパートのちかでおべんとうをかって、うちへかえりました。うちへかえったとき、8時でした。ごはんのあとで、おふろに入って、すぐねました。とてもたのしい一日でした。

---

(28)　「わたし」は、デパートで何をしましたか。
　　　1　ばんごはんを食べました。
　　　2　おべんとうをかいました。
　　　3　えいがを見ました。
　　　4　スカートをかいました。

(29)　文章の内容と合っているのは、どれですか。
　　　1　きのうは、いい天気でした。
　　　2　「わたし」は、はやくねませんでした。
　　　3　「わたし」は、ひとりでかいものしました。
　　　4　えいがを見るまえに、しょくじしました。

問題　3

次のメニューを見て、問題に答えてください。

答えは1・2・3・4からいちばんいいものを1つ選んでください。

きょうのランチ　500円 (11:30〜14:00)

A ランチ	B ランチ	C ランチ
やきざかな ごはん みそしる	チキンカレー サラダ スープ	ぎゅうどん サラダ みそしる

ごいっしょにどうぞ！

・コーヒー、こうちゃ　　　＋100円

・ケーキ、アイスクリーム　＋250円

---

(30)　モハメッドさんは、にくを食べません。どれを食べますか。

　　1　Aランチです。

　　2　Bランチです。

　　3　Cランチです。

　　4　食べません。

(31)　ひるごはんといっしょにのみものをのんで、そのあとで、デザートも食べました。
　　　ぜんぶでいくらですか。

　　1　500円です。

　　2　600円です。

　　3　750円です。

　　4　850円です。

問題　4

次のメールを読んで、問題に答えてください。
答えは1・2・3・4からいちばんいいものを1つ選んでください。

これは、ルパさんとトアンさんのメールです。

（ルパさんが書いたメール）

> トアンさん、おはようございます。
> わたしはきょう、ねつがありますから、
> 学校を休みたいです。
> 学校のでんわばんごうがわかりますか。

（トアンさんが書いたメール）

> ルパさん、おはようございます。
> 学校のでんわばんごうは、03-〇〇〇-×××です。
> だいじょうぶですか。くすりをのみましたか。

> ありがとうございます。
> くすりは、きのうのばん、のみましたが、
> もうありません。でも、ゆっくりねますから、
> だいじょうぶです。

> え、だめですよ。
> はやくびょういんへ行ってください。
> あしたは、クラスのバスりょこうですよ。

> そうですね。じゃ、学校にでんわして、
> じむしょの人といっしょに行きます。

> はい、それがいいです。おだいじに。
> あとで、メールしますね。

- 94 -

（32）　ルパさんは、これからまず、何をしますか。

　　　1　びょういんへ行きます。

　　　2　くすりをのみます。

　　　3　学校にでんわします。

　　　4　ねます。

（33）　トアンさんについて、メールの内容と合っているのは、どれですか。

　　　1　学校のでんわばんごうをしりません。

　　　2　きょう、学校を休みます。

　　　3　ルパさんにでんわをかけました。

　　　4　あした、りょこうに行きます。

問題　5

次の文章を読んで、問題に答えてください。
答えは1・2・3・4からいちばんいいものを1つ選んでください。

　　わたしは、長野けんにすんでいます。ここには、きれいな山がたくさんありますから、い

ろいろな山のえをかくことができます。今は、ろっぴゃく山という山のえをかいています。

はるからあきまでは、つまといっしょにあずさ川へ行って、そこでかきます。あずさ川は、

川であそぶ子どもや、つりをする人がおおぜいいます。休みの日、1か月に2、3かい行きま

す。ひる、ふたりでつまがつくったおべんとうを食べて、わたしがいれたコーヒーをのみま

す。とてもたのしいです。つまもえをかきますが、つまは、はなのえをかきます。つまはわ

たしよりえがじょうずです。つまは、わたしのえの先生です。わたしは、あきのろっぴゃく

山がいちばんすきです。木があかやきいろになって、とてもきれいですから。ふゆは、ゆき

がふりますから、あずさ川へ行くことができません。ですから、うちから山を見て、かいて

います。今かいているえは、なつのろっぴゃく山です。これは、友だちにあげます。友だち

はあたらしいいえをかいましたから、おいわいです。

---

(34)　「わたし」のしゅみは、何ですか。
　　　1　川であそぶことです。
　　　2　山のえをかくことです。
　　　3　はなのえをかくことです。
　　　4　つりをすることです。

(35)　「わたし」について、文章の内容と合っているのは、どれですか。
　　　1　今、友だちにあげるえをかいています。
　　　2　あずさ川へ行くとき、おべんとうをつくります。
　　　3　はる、まいしゅうあずさ川へ行っています。
　　　4　はるからあきまでしか、えをかきません。

3　漢字問題

A　次のひらがなの漢字を１・２・３・４から１つ選んでください。

(36)　タイ人の学生は、じゅうにんです。
　　　1　七人　　　　　2　四人　　　　　3　三人　　　　　4　十人

(37)　このふねは、2せんまん円です。
　　　1　百万　　　　　2　万千　　　　　3　千万　　　　　4　百千

(38)　みぎを見てください。
　　　1　南　　　　　　2　石　　　　　　3　左　　　　　　4　右

(39)　くるまがあります。
　　　1　重　　　　　　2　車　　　　　　3　東　　　　　　4　電

(40)　友だちとはなします。
　　　1　言し　　　　　2　計し　　　　　3　話し　　　　　4　待し

B　次の漢字の読み方を1・2・3・4・5・6から1つ選んでください。

(41)　きょうは、八日です。
　　　1　ついたち　　　　2　よっか　　　　3　ここのか　　　4　ようか
　　　5　みっか　　　　　6　むいか

(42)　土は、たいせつです。
　　　1　ひ　　　　　　　2　つち　　　　　3　かね　　　　　4　つき
　　　5　あめ　　　　　　6　みず

(43)　いぬは、いえの外にいますよ。
　　　1　そば　　　　　　2　おく　　　　　3　まえ　　　　　4　よこ
　　　5　そと　　　　　　6　うえ

(44)　この人は、フェリペさんの弟です。
　　　1　あに　　　　　　2　いもうと　　　3　ちち　　　　　4　はは
　　　5　おとうと　　　　6　あね

(45)　トゥイさんは、あしが白いですね。
　　　1　しろい　　　　　2　みじかい　　　3　おおきい　　　4　くろい
　　　5　はやい　　　　　6　ちいさい

4 短文作成問題

例のように３つの言葉をならべて、ただしい文を作ってください。
１・２・３・４・５・６からいちばんいいものを１つ選んでください。

（例）

これは、【　１．という　　２．てんぷら　　３．りょうり　】です。

１　　１→２→３　　　２　　１→３→２　　　３　　２→１→３　　　４　　２→３→１
５　　３→１→２　　　６　　３→２→１

ただしい文は、「てんぷら　→　という　→　りょうり」です。
いちばんいいものは「３」です。

れい	① ② ● ④ ⑤ ⑥

---

(46)

【　１．せっけんなど　　２．あまい　　３．おかしや　】をかいました。

１　　１→２→３　　　２　　１→３→２　　　３　　２→１→３　　　４　　２→３→１
５　　３→１→２　　　６　　３→２→１

(47)

【　１．ノートを　　２．えんぴつを　　３　２冊と　】１本ください。

１　　１→２→３　　　２　　１→３→２　　　３　　２→１→３　　　４　　２→３→１
５　　３→１→２　　　６　　３→２→１

(48)

くつを【　1．から　　2．ぬいで　　3．へやに　】入ってください。

1　1→2→3　　2　1→3→2　　3　2→1→3　　4　2→3→1

5　3→1→2　　6　3→2→1

(49)

おちゃ、【　1．いっぱい　　2．いかが　　3．もう　】ですか。

1　1→2→3　　2　1→3→2　　3　2→1→3　　4　2→3→1

5　3→1→2　　6　3→2→1

(50)

わたしは、【　1．ざっし　　2．イタリアで　　3．かった　】を読みます。

1　1→2→3　　2　1→3→2　　3　2→1→3　　4　2→3→1

5　3→1→2　　6　3→2→1

J.TEST

実用日本語検定

```
┌─────────────────────────┐
│      ちょう かい  し  けん  │
│    聴　解　試　験        │
└─────────────────────────┘
```

1 写真問題 (問題1〜4)

例題

| れい | ● ② ③ ④ | （答えは解答用紙にマークしてください） |

A　問題1

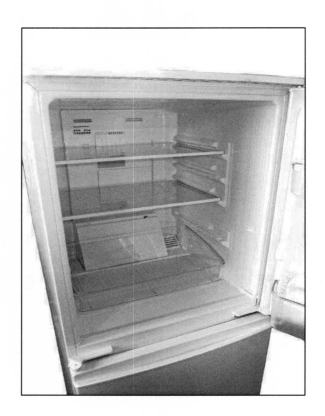

B 問題2

C 問題3

2 聴読解問題 (問題5〜7)

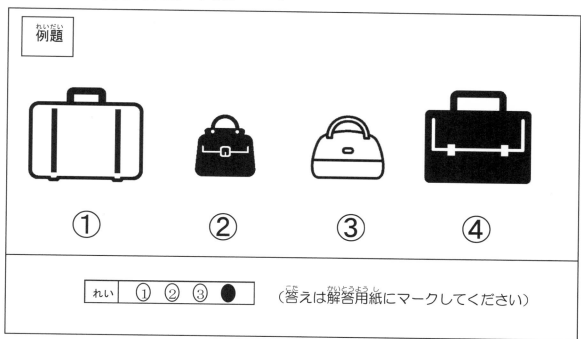

例題

① ② ③ ④

れい ① ② ③ ● (答えは解答用紙にマークしてください)

E 問題5

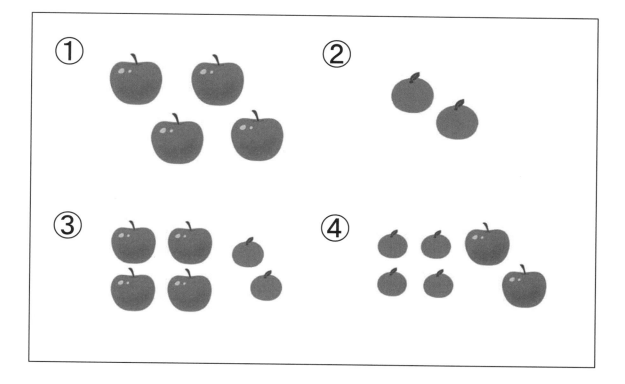

① ② ③ ④

F 　問題6

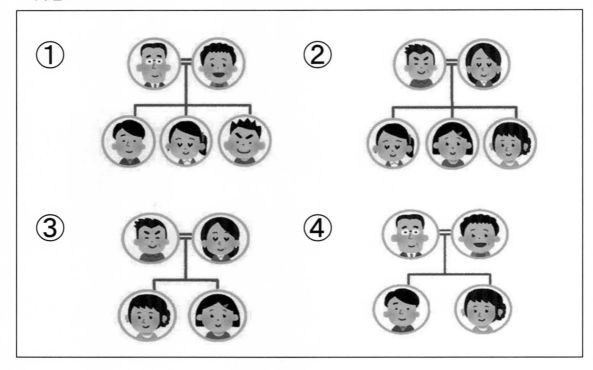

G 　問題7

3 応答問題 （問題8〜21）

(問題だけ聞いて答えてください。)

例題1	→	れい	●	②	③
例題2	→	れい	①	●	③

（答えは解答用紙にマークしてください）

問題 8

問題 9

問題10

問題11

問題12

問題13

問題14

問題15

問題16

問題17

問題18

問題19

問題20

問題21

メモ (MEMO)

4 会話・説明問題（問題22〜31）

例題	
	1 みみがいたいですから
	2 あたまがいたいですから
	3 はがいたいですから

| れい | ① ● ③ | （答えは解答用紙にマークしてください） |

1

問題22　1 キンです。
　　　　2 リンです。
　　　　3 ニンです。

問題23　1 ミャンマーです。
　　　　2 ベトナムです。
　　　　3 ハワイです。

2

問題24　1 6時半です。
　　　　2 8時半です。
　　　　3 9時です。

問題25　1 しごとをします。
　　　　2 しんかんせんにのります。
　　　　3 おとうとにあいます。

3

問題26　1　かいしゃいんです。
　　　　2　きょうしです。
　　　　3　大学生です。

問題27　1　イギリスです。
　　　　2　オーストラリアです。
　　　　3　アメリカです。

問題28　1　しごとはいそがしいですから、あまりすきじゃありません。
　　　　2　いつもいもうとにおみやげをかいます。
　　　　3　外国語がわかりません。

4

問題29　1　1時間です。
　　　　2　2時間です。
　　　　3　3時間です。

問題30　1　アルバイトをします。
　　　　2　としょかんへ行きます。
　　　　3　そうじをします。

問題31　1　きょう、テストがありました。
　　　　2　女の人は、日本語のかんじがむずかしくないです。
　　　　3　男の人は、中国人ではありません。

おわり

第1回 J.TEST実用日本語検定 （F-Gレベル）

正解とスクリプト

■ 読解問題　175点

《 文法・語彙問題 》 各3点（75点）			《 読解問題 》 各5点（50点）	《漢字問題》 各3点（30点）		《短文作成問題》 各4点（20点）
1) 3	11) 4	21) 3	26) 4	36) 3	41) 2	46) 4
2) 2	12) 4	22) 2	27) 3	37) 4	42) 3	47) 2
3) 1	13) 3	23) 2	28) 2	38) 2	43) 5	48) 6
4) 2	14) 1	24) 2	29) 3	39) 1	44) 2	49) 5
5) 2	15) 3	25) 4	30) 3	40) 3	45) 4	50) 3
6) 3	16) 1		31) 2			
7) 1	17) 1		32) 3			
8) 3	18) 4		33) 1			
9) 3	19) 2		34) 4			
10) 4	20) 2		35) 3			

■ 聴解問題　175点

《写真問題》 各5点（20点）	《聴読解問題》 各5点（15点）	《 応答問題 》 各5点（70点）	《 会話・説明問題 》 各7点（70点）
1) 2	5) 3	8) 2	22) 3
2) 1	6) 4	9) 3	23) 1
3) 1	7) 3	10) 1	24) 1
4) 2		11) 2	25) 2
		12) 1	26) 2
		13) 1	27) 3
		14) 2	28) 2
		15) 1	29) 1
		16) 1	30) 3
		17) 3	31) 3
		18) 3	
		19) 2	
		20) 1	
		21) 1	

写真問題

例題の写真を見てください。
例題　これは何ですか。
1　コップです。
2　いすです。
3　ノートです。
4　えんぴつです。

いちばんいいものは 1 です。ですから、
例のように 1 をマークします。

Aの写真を見てください。
問題 1　これは何ですか。
1　カメラです。
2　しんぶんです。
3　ナイフです。
4　とけいです。

Bの写真を見てください。
問題 2　ここはどこですか。
1　ろうかです。
2　きょうしつです。
3　にわです。
4　しょくどうです。

Cの写真を見てください。
問題 3　何時ですか。
1　7 時 10 分です。
2　1 時 10 分です。
3　7 時 1 分です。
4　1 時 1 分です。

Dの写真を見てください。
問題 4　何をしていますか。
1　ならんでいます。
2　じてんしゃにのっています。
3　そらをとんでいます。
4　たいしかんではたらいています。

聴読解問題

例題を見てください。
男の人と女の人が話しています。

問題　男の人のかばんは、どれですか。
――――――――――――――――――――
男：わたしのかばんは、くろくて、大きいです。
女：これですか。
男：ええ、そうです。
――――――――――――――――――――
問題　男の人のかばんは、どれですか。

いちばんいいものは 4 です。ですから、
例のように 4 をマークします。

Eを見てください。
女の人と男の人が話しています。

問題 5　パーティーは、何日ですか。
――――――――――――――――――――
女：パーティーはいつですか。
男：8 日です。
女：4 日ですか。
男：いいえ。8 日ですよ。
女：8 日ですね。ありがとうございます。
――――――――――――――――――――
問題 5　パーティーは、何日ですか。

Fを見てください。
女の人と男の人が話しています。

問題6　女の人はどこから来ましたか。
ーーーーーーーーーーーーーーーーーーー
女：はじめまして。メイです。タイから来ました。
男：メイさんですね。わたしはブディです。
　　どうぞよろしく。
女：ブディさん、お国はどちらですか。
男：インドネシアです。
ーーーーーーーーーーーーーーーーーーー
問題6　女の人はどこから来ましたか。

Gを見てください。
男の人と女の人が話しています。

問題7　さいふはどこにありましたか。
ーーーーーーーーーーーーーーーーーーー
男：あれっ、さいふがありません！
女：かいしゃにわすれましたか。
男：いいえ。かえるとき、かばんに入れました。
女：あそこのコンビニでコーヒーをかってから、どう
　　しましたか。
男：ええと、出るとき、うわぎのポケットに入れまし
　　たから…。あ、ありました！
女：よかったですね。
ーーーーーーーーーーーーーーーーーーー
問題7　さいふはどこにありましたか。

例題1　おはようございます。
1　おはようございます。
2　おやすみなさい。
3　さようなら。

例題2　おしごとは？
　　　　　　－かいしゃいんです。
1　わたしもかいしゃいんじゃありません。
2　わたしもかいしゃいんです。
3　わたしもいしゃです。

いちばんいいものは、例題1は1、例題2は2です。
ですから、例題1は1を、例題2は2を例のように
マークします。

問題8　あのかたは、大学の先生ですか。
1　はい、大学です。
2　いいえ、かんごしです。
3　いいえ、あのかたじゃありません。

問題9　これは、だれのですか。
1　いいえ、わたしのじゃありません。
2　中国のです。
3　山田さんのです。

問題10　どんなくだものがすきですか。
1　みかんです。
2　あまりすきじゃありません。
3　とりにくです。

問題11　しゅみは、なんですか。
1　ズボンです。
2　スポーツです。
3　そうです。

問題12　このホテルは、きれいですか。
1　いいえ、きれいじゃありません。
2　はい、きらいです。
3　はい、ひろいです。

問題13　おげんきですか。
1　はい、げんきです。
2　はい、おげんきで。
3　はい、ごめんなさい。

問題14　何でごはんを食べますか。
1　ラーメンです。
2　はしで食べます。
3　レストランで食べます。

問題15　ドアをあけましょうか。
1　おねがいします。
2　どういたしまして。
3　しつれいしました。

問題16　ちょっとおねがいがあります。
1　何ですか。
2　どうもすみません。
3　はい、けっこうです。

問題17　電気、けしましたか。
1　ええ、きえましたよ。
2　いいえ、しめませんでした。
3　いいえ、まだです。

問題18　だれも来ませんね。
1　おもいですね。
2　にぎやかですね。
3　ひまですね。

問題19　あした、はなみですね。
　　　　　　－でも、雨だとおもいますよ。
1　じゃ、だいじょうぶですね。
2　でも、わたしは行きたいです。
3　いいえ、いえの中がいいですね。

問題20　いっしょにプールへ行きませんか。
　　　　　　－すみません、ちょっと。
1　そうですか。
2　いただきます。
3　こちらこそ。

問題21　じしょ、もっていますか。
　　　　　　－ええ、ありますよ。
1　ちょっとかしてください。
2　ちょっとかってください。
3　ちょっとかりてください。

「＊」の部分は録音されていません。

例題
————————————————————
女：すみません。あたまがいたいですから、きょうは
　　かえります。
男：わかりました。
————————————————————
問題　女の人は、どうしてかえりますか。
＊１　みみがいたいですから
＊２　あたまがいたいですから
＊３　はがいたいですから

いちばんいいものは２です。
ですから、例のように２をマークします。

１　男の人と女の人の会話を聞いてください。
————————————————————
男：アンさん、日よう日、何をしますか。
女：京都へ行きます。国から友だちが来ますから、
　　ふたりで行きます。
男：いいですね。わたしも京都、すきです。
　　はじめてですか。
女：いいえ。おととしのあき、いもうとと行きました。
　　田村さんは、いつ行きましたか。
男：わたしは、きょねんのなつ休みに行きましたよ。
————————————————————
問題２２　女の人は、どうして京都へ行きますか。
＊１　日よう日ですから
＊２　京都がすきですから
＊３　国から友だちが来ますから

問題２３　男の人は、いつ京都へ行きましたか。
＊１　なつです。
＊２　あきです。
＊３　はるです。

２　女の学生の話を聞いてください。
————————————————————
女：わたしは、月よう日から金よう日まで学校で日本
　　語をべんきょうしています。月よう日は、かんじ
　　とさくぶんをべんきょうします。火よう日は会話
　　です。ぶんぽうは毎日９時から11時までべんきょ
　　うします。毎しゅう金よう日は、先生と学生とみ
　　んなでひるごはんを食べます。金よう日だけ、ひ
　　る休みは１時間半あります。11時から12時半まで
　　です。午後は日本のえいがを見ます。ときどき日
　　本語がむずかしいですが、たのしいです。
————————————————————
問題２４　さくぶんは何よう日べんきょうしますか。
＊１　月よう日です。
＊２　火よう日です。
＊３　金よう日です。

問題２５　金よう日、ひる休みは何時までですか。
＊１　11時半までです。
＊２　12時半までです。
＊３　１時半までです。

3　男の人の話を聞いてください。
ーーーーーーーーーーーーーーーーーーー
男：わたしのおじいさんは80さいですが、げんきです。
　　タロウといういぬとすんでいます。タロウは白く
　　て、小さいです。おじいさんのうちへ来て、3年
　　になります。おじいさんは、毎朝5時におきて、
　　こうえんへ行きます。1時間くらいこうえんをさ
　　んぽして、きっさてんであさごはんを食べてから
　　かえります。天気がいい日は、タロウと行きます。
　　タロウといっしょのときは、きっさてんに行きま
　　せん。うちであさごはんを食べます。りょうりが
　　じょうずじゃありませんから、あさごはんはパン
　　だけです。
ーーーーーーーーーーーーーーーーーーー
問題26　男の人のおじいさんは、どんな人ですか。
＊1　りょうりがじょうずな人です。
＊2　げんきな人です。
＊3　しんせつな人です。

問題27　天気がいい日、おじいさんは何をしますか。
＊1　ひとりでこうえんへ行きます。
＊2　きっさてんであさごはんを食べます。
＊3　タロウとさんぽします。

問題28　タロウは、いつからおじいさんとすんでい
ますか。
＊1　1年まえです。
＊2　3年まえです。
＊3　5年まえです。

4　女の人と男の人の会話を聞いてください。
ーーーーーーーーーーーーーーーーーーー
女：すみません。としょかんはどこですか。
男：ええと。あっちのほうですが、あるいて行きます
　　か。
女：はい。
男：じゃ、この道をまっすぐ行ってください。400
　　メートルくらい先に、しんごうがあります。
女：しんごうですね。そこにありますか。
男：いいえ。そこのこうさてんをわたって、あと100
　　メートルくらいです。としょかんは右がわにあり
　　ますよ。ちゃいろの大きいたてものですから、す
　　ぐわかるとおもいます。ちかてつのえきのちかく
　　です。
女：まっすぐ行って、しんごうを右ですね。
男：いいえ、ずっとまっすぐです。
女：わかりました。どうもありがとうございます。
男：いいえ。
ーーーーーーーーーーーーーーーーーーー
問題29　女の人は、何で行きますか。
＊1　あるいて行きます。
＊2　じてんしゃで行きます。
＊3　ちかてつで行きます。

問題30　としょかんまでどのぐらいですか。
＊1　100メートルぐらいです。
＊2　400メートルぐらいです。
＊3　500メートルぐらいです。

問題31　女の人は、これからどうしますか。
＊1　しんごうを左へ行きます。
＊2　こうさてんをわたってから、右へ行きます。
＊3　みちをまっすぐ行きます。

これで聞くテストをおわります。

第2回 J.TEST実用日本語検定 （F-Gレベル）
正解とスクリプト

■ 読解問題　175点

《 文法・語彙問題 》各3点（75点）			《 読解問題 》各5点（50点）	《漢字問題》各3点（30点）		《短文作成問題》各4点（20点）
1) 4	11) 2	21) 1	26) 4	36) 1	41) 1	46) 5
2) 1	12) 4	22) 2	27) 4	37) 1	42) 3	47) 5
3) 4	13) 1	23) 2	28) 1	38) 2	43) 2	48) 2
4) 2	14) 4	24) 3	29) 3	39) 2	44) 3	49) 6
5) 4	15) 3	25) 3	30) 3	40) 1	45) 3	50) 4
6) 4	16) 3		31) 2			
7) 3	17) 2		32) 3			
8) 2	18) 4		33) 4			
9) 2	19) 1		34) 3			
10) 1	20) 2		35) 3			

■ 聴解問題　175点

《写真問題》各5点（20点）	《聴読解問題》各5点（15点）	《 応答問題 》各5点（70点）	《 会話・説明問題 》各7点（70点）
1) 2	5) 1	8) 3	22) 1
2) 3	6) 4	9) 2	23) 3
3) 1	7) 4	10) 2	24) 3
4) 3		11) 1	25) 1
		12) 1	26) 2
		13) 2	27) 3
		14) 2	28) 3
		15) 3	29) 2
		16) 2	30) 2
		17) 2	31) 3
		18) 1	
		19) 3	
		20) 3	
		21) 2	

| 写真問題 |

例題の写真を見てください。
例題　これは何ですか。
1　コップです。
2　いすです。
3　ノートです。
4　えんぴつです。

いちばんいいものは1です。ですから、
例のように1をマークします。

Aの写真を見てください。
問題1　これは何ですか。
1　かぎです。
2　ちずです。
3　はこです。
4　さらです。

Bの写真を見てください。
問題2　ここはどこですか。
1　えいがかんです。
2　デパートです。
3　としょかんです。
4　えきです。

Cの写真を見てください。
問題3　ここで何をしますか。
1　りょうりです。
2　せんたくです。
3　さんぽです。
4　やきゅうです。

Dの写真を見てください。
問題4　何をしていますか。
1　およいでいます。
2　はしっています。
3　うたをうたっています。
4　ギターをひいています。

| 聴読解問題 |

例題を見てください。
男の人と女の人が話しています。

問題　男の人のかばんは、どれですか。
ーーーーーーーーーーーーーーーーーーーーーー
男：わたしのかばんは、くろくて、大きいです。
女：これですか。
男：ええ、そうです。
ーーーーーーーーーーーーーーーーーーーーーー
問題　男の人のかばんは、どれですか。

いちばんいいものは4です。ですから、
例のように4をマークします。

Eを見てください。
女の人と男の人が話しています。

問題5　しけんは、何時からですか。
ーーーーーーーーーーーーーーーーーーーーーー
女：すみません。しけんは、何時からですか。
男：1時です。
女：7時？　よるですか。
男：いいえ。ひるの1時ですよ。
女：わかりました。
ーーーーーーーーーーーーーーーーーーーーーー
問題5　しけんは、何時からですか。

Fを見てください。
女の人と男の人が話しています。

問題6　女の人のおとうとは、どれですか。
ーーーーーーーーーーーーーーーーーーーー
女：見てください。ふるいしゃしんです。
男：すずきさんは、いちばん小さいこの子ですか。
女：いいえ。それはいもうとです。わたしは、これです。
男：となりは、おにいさんですか。
女：いいえ、おとうとです。
男：へぇ。せがたかいから、おにいさんだとおもいました。
ーーーーーーーーーーーーーーーーーーーー
問題6　女の人のおとうとは、どれですか。

Gを見てください。
男の人と女の人が話しています。

問題7　男の人は、何でかいしゃに行きますか。
ーーーーーーーーーーーーーーーーーーーー
男：タタマさんは、あるいてかいしゃに行きますか。
女：いいえ。じてんしゃで行きます。雨の日はバスですが。ヨウさんは？
男：いつもちかてつです。ぼくもほんとうはじてんしゃにしたいとおもっているんですが、なかなか…。
女：そうですか。じてんしゃ、きもちいいですよ。
ーーーーーーーーーーーーーーーーーーーー
問題7　男の人は、何でかいしゃに行きますか。

例題1　おはようございます。
1　おはようございます。
2　おやすみなさい。
3　さようなら。

例題2　おしごとは？
　　　　ーかいしゃいんです。
1　わたしもかいしゃいんじゃありません。
2　わたしもかいしゃいんです。
3　わたしもいしゃです。

いちばんいいものは、例題1は1、例題2は2です。
ですから、例題1は1を、例題2は2を例のように
マークします。

問題8　あれはデパートですか。
1　やまださんですよ。
2　うどんですよ。
3　ホテルですよ。

問題9　これはどこのですか。
1　はい、そうです。
2　フランスのです。
3　ようこさんのです。

問題10　どんなスポーツがすきですか。
1　かいものがすきです。
2　スキーです。
3　はい、すきです。

問題11　お国はどちらですか。
1　アメリカです。
2　あちらです。
3　いいえ、そうじゃありません。

問題12　ちょっとくらいですね。
1　そうですね。
2　ええ、くさいですね。
3　いえ、きらいじゃありませんよ。

問題13　らいねんそつぎょうします。
1　どうぞよろしく。
2　おめでとうございます。
3　ありがとうございます。

問題14　すてきなネクタイですね。
1　ええ、あねがあげました。
2　ええ、あねにもらいました。
3　ええ、あねはあびました。

問題15　ここに電話ばんごうを書いてください。
1　はい、いいですね。
2　いいえ、けっこうです。
3　はい、ここですね？

問題16　ねつがあるんですか。
1　はさみもありますよ。
2　いいえ、だいじょうぶです。
3　もうすこしですね。

問題17　しゅくだいは、もうおわりましたか。
1　はい、おわりましょう。
2　いいえ、これからです。
3　いいえ、これがしゅくだいです。

問題18　わたしは、コーヒーにします。
1　アイスですか。
2　ぬるいですか。
3　つめたかったですか。

問題19　ちょっとさむいですね。
　　　　ーまどをしめましょうか。
1　わたしもです。
2　わかりません。
3　おねがいします。

問題20　3年前に日本に来ました。
　　　　ー日本語がおじょうずですね。
1　ごめんなさい。
2　話してもいいですか。
3　まだまだですよ。

問題21　あれ？　ナディアさんは？
　　　　ーかえりましたよ。
1　みじかいなぁ。
2　はやいなぁ。
3　ひくいなぁ。

「＊」の部分は録音されていません。

例題
────────────────────
女：すみません。あたまがいたいですから、
　　　きょうはかえります。
男：わかりました。
────────────────────
問題　女の人は、どうしてかえりますか。
＊１　みみがいたいですから
＊２　あたまがいたいですから
＊３　はがいたいですから

いちばんいいものは２です。
ですから、例のように２をマークします。

１　女の人と男の人の会話を聞いてください。
────────────────────
女：タムさん、きょうだいはいますか。
男：はい。おとうとが２人、いもうとが３人います。
女：５人きょうだいですか。わたしとおなじです。
男：いいえ、ぼくもいますから、６人ですよ。
女：ああ、そうですね。わたしは、いもうとが４人い
　　　るんです。
男：そうですか。
────────────────────
問題２２　男の人は、何人おとうとがいますか。
＊１　ふたりです。
＊２　３人です。
＊３　５人です。

問題２３　女の人は、何人いもうとがいますか。
＊１　ふたりです。
＊２　３人です。
＊３　４人です。

２　女の人の話を聞いてください。
────────────────────
女：わたしは、とても大きなまちにすんでいました。
　　　りょこうに来る人もたくさんいました。日本に来
　　　て、今はいなかにすんでいます。おみせもすくな
　　　いし、学校もとおいです。やちんはやすいです
　　　が、ふべんです。ですから学校のちかくにひっこ
　　　します。
────────────────────
問題２４　女の人は今、どこにすんでいますか。
＊１　とても大きなまちです。
＊２　学校のちかくです。
＊３　いなかです。

問題２５　女の人は、どうしてひっこしますか。
＊１　ふべんですから
＊２　やちんが　たかいですから
＊３　国へ帰りますから

3　男の人の話を聞いてください。
ーーーーーーーーーーーーーーーーーーーーーー
男：わたしのしゅみは、山のぼりです。18さいのと
　　き、大学のとざんぶに入り、いろいろな山へ行き
　　ました。それから30年、ずっとわたしのいちばん
　　のしゅみです。わかいときは、長い休みをとって
　　ヒマラヤの山へ行ったこともあります。けっこん
　　してからは、つまと二人できゅうしゅうの山へよ
　　く行きました。つまは、きゅうしゅうのおんせん
　　が大すきなんです。今年子どもが小学生になりま
　　したから、こんどの休みは、かぞくでちかくの山
　　へハイキングに行きたいとおもっています。そこ
　　ははじめて行く山です。
ーーーーーーーーーーーーーーーーーーーーーー
問題２６　男の人のしゅみは何ですか。
＊１　おんせんに　はいることです。
＊２　山にのぼることです。
＊３　外国をりょこうすることです。

問題２７　男の人は今、何さいですか。
＊１　18さいです。
＊２　30さいです。
＊３　48さいです。

問題２８　男の人が行ったことがない山は、どれです
　　　　　　　　　　　　　　　　　　　か。
＊１　ヒマラヤにある山です。
＊２　きゅうしゅうの山です。
＊３　男の人のうちの　ちかくにある山です。

4　男の人と女の人の会話を聞いてください。
ーーーーーーーーーーーーーーーーーーーーーー
男：どうしましたか。
女：きのうのよるからからだがあつくて、あたまもい
　　たくて。
男：そうですか。ちょっとみますね。
女：おねがいします。…
男：ああ、インフルエンザですね。くすりを出します
　　ね。ここでのんでください。それから、きょうか
　　らしごとはしばらく休んでくださいね。
女：え？　先生、どのぐらいですか。
男：１しゅうかんぐらいですね。
女：こまったなぁ。きょうの午後はだいじなかいぎが
　　あるし。
男：きょうはうちでゆっくり休んでください。
　　はい、くすりです。
女：…わかりました。
ーーーーーーーーーーーーーーーーーーーーーー
問題２９　女の人のしごとは何ですか。
＊１　いしゃです。
＊２　かいしゃいんです。
＊３　かんごしです。

問題３０　二人はどこにいますか。
＊１　学校です。
＊２　びょういんです。
＊３　レストランです。

問題３１　女の人は、これからどうしますか。
＊１　かいぎに　でます。
＊２　うちへ帰ります。
＊３　くすりを　のみます。

これで聞くテストをおわります。

第3回 J.TEST実用日本語検定 （F-Gレベル）
正解とスクリプト

■ 読解問題　175点

《 文法・語彙問題 》 各3点（75点）			《 読解問題 》 各5点（50点）	《漢字問題》 各3点（30点）		《短文作成問題》 各4点（20点）
1) 3	11) 1	21) 3	26) 4	36) 1	41) 5	46) 3
2) 4	12) 3	22) 4	27) 2	37) 3	42) 3	47) 2
3) 3	13) 2	23) 4	28) 3	38) 2	43) 3	48) 4
4) 2	14) 3	24) 2	29) 1	39) 2	44) 1	49) 6
5) 1	15) 2	25) 4	30) 1	40) 3	45) 2	50) 5
6) 4	16) 1		31) 4			
7) 1	17) 4		32) 1			
8) 4	18) 2		33) 2			
9) 2	19) 3		34) 3			
10) 1	20) 2		35) 4			

■ 聴解問題　175点

《写真問題》 各5点（20点）	《聴読解問題》 各5点（15点）	《 応答問題 》 各5点（70点）	《 会話・説明問題 》 各7点（70点）
1) 2	5) 3	8) 3	22) 3
2) 3	6) 2	9) 1	23) 2
3) 3	7) 1	10) 2	24) 2
4) 4		11) 3	25) 2
		12) 1	26) 3
		13) 2	27) 2
		14) 1	28) 1
		15) 2	29) 1
		16) 1	30) 1
		17) 3	31) 3
		18) 1	
		19) 2	
		20) 1	
		21) 3	

<table>
<tr><td>

写真問題

例題の写真を見てください。
例題　これは何ですか。
1　コップです。
2　いすです。
3　ノートです。
4　えんぴつです。

いちばんいいものは1です。ですから、
例のように1をマークします。

Aの写真を見てください。
問題1　これは何ですか。
1　たばこです。
2　くつです。
3　ぼうしです。
4　くすりです。

Bの写真を見てください。
問題2　いくつありますか。
1　よっつです。
2　ふたつです。
3　みっつです。
4　ひとつです。

Cの写真を見てください。
問題3　ここはどこですか。
1　おふろです。
2　こうばんです。
3　かいぎしつです。
4　くうこうです。

Dの写真を見てください。
問題4　何をしていますか。
1　水をあびています。
2　めをあけています。
3　てをあげています。
4　かおをあらっています。

</td><td>

聴読解問題

例題を見てください。
男の人と女の人が話しています。

問題　男の人のかばんは、どれですか。
――――――――――――――――――――
男：わたしのかばんは、くろくて、大きいです。
女：これですか。
男：ええ、そうです。
――――――――――――――――――――
問題　男の人のかばんは、どれですか。

いちばんいいものは4です。ですから、
例のように4をマークします。

Eを見てください。
女の人と男の人が話しています。

問題5　あした、何人来ますか。
――――――――――――――――――――
女：あしたのパーティー、何人来ますか。
男：12人ですよ。
女：え、10人ですか。
男：いいえ、12人です。
女：わかりました。
――――――――――――――――――――
問題5　あした、何人来ますか。

</td></tr>
</table>

Fを見てください。
男の人と女の人が話しています。

問題6　男の人は、何を買いますか。
ーーーーーーーーーーーーーーーーーーーー
男：ここでかいものします。
女：じゃ、わたしも。ぎゅうにゅうとたまごを買いた
　　いですから。ケンさんは？
男：パンです。
女：ぎゅうにゅうは？　やすいですよ。
男：あ、そうですね。じゃ、それも。
ーーーーーーーーーーーーーーーーーーーー
問題6　男の人は、何を買いますか。

Gを見てください。
女の人と男の人が話しています。

問題7　男の人は、どうやって行きますか。
ーーーーーーーーーーーーーーーーーーーー
女：ミンさん、お出かけですか。
男：ええ。みどりこうえんまで。
女：いいですね。ちかてつで行きますか。
男：いいえ、バスでえきまで行って、それから電車に
　　のりかえます。そのほうがはやいですから。
ーーーーーーーーーーーーーーーーーーーー
問題7　男の人は、どうやって行きますか。

例題1　おはようございます。
1　おはようございます。
2　おやすみなさい。
3　さようなら。

例題2　おしごとは?
　　　　ーかいしゃいんです。
1　わたしもかいしゃいんじゃありません。
2　わたしもかいしゃいんです。
3　わたしもいしゃです。

いちばんいいものは、例題1は1、例題2は2です。
ですから、例題1は1を、例題2は2を例のように
マークします。

問題8　まいばん何時にねますか。
1　はい、ねます。
2　11時からです。
3　10時ごろです。

問題9　あのかたは、どなたですか。
1　えんどう先生です。
2　しんせつです。
3　いいえ、ちがいます。

問題10　なにでインドに行きますか。
1　あにです。
2　ふねです。
3　あさってです。

問題11　これは、おちゃですか、コーヒーですか。
1　そうですよ。
2　どうぞ。
3　こうちゃですよ。

問題12　そのいすは、じょうぶですね。
1　ええ、そうですね。
2　ええ、じょうずですね。
3　ええ、だいじょうぶですよ。

問題13　こんにちは。
1　しつれいしました。
2　いらっしゃいませ。
3　いただきます。

問題14　もっと大きいの、ありますか。
1　すみません、これだけです。
2　いいえ、大きいのです。
3　ええ、大きいです。

問題15　たくさん食べてくださいね。
1　ええ、いいですよ。
2　ありがとうございます。
3　そうですよ。

問題16　ジュジュさん、ごきょうだいは?
1　ええ、いますよ。
2　ええ、ありますよ。
3　ええ、もっていますよ。

問題17　レポートは、書きましたか。
1　はい、書きましょう。
2　はい、もうすこし書きます。
3　いいえ、あとで書きます。

問題18　あした国へかえります。
1　さびしくなりますね。
2　せまくなりますね。
3　わるくなりますね。

問題19　ヤンさん、にもつが来ていますよ。
　　　　ーえ、だれからですか。
1　よかったですね。
2　わかりません。
3　ヤンさんのですよ。

問題20　ペンをかりてもいいですか。
　　　　ーええ、どうぞ。
1　すみません。
2　ごめんください。
3　おねがいします。

問題21　つかれましたね。
　　　　ーすこし休みますか。
1　では、また。
2　休みじゃありません。
3　そうしましょう。

─────────────────────────

男：土よう日、はなびたいかいがありました。6時に
　　友だちとあって、ごはんを食べて、それからはな
　　びを見ました。わたしの国にもはなびがありま
　　す。でも、日本のはなびはもっとすごかったで
　　す。日本は、なつ、はなびたいかいがおおいです
　　から、また行きたいです。

─────────────────────────

問題24　男の人は、何をしましたか。
＊1　はなびを見てから、ごはんを食べました。
＊2　はなびを見るまえに、ごはんを食べました。
＊3　はなびを見ないで、ごはんを食べました。

問題25　話の内容と合っているのは、どれですか。
＊1　おとこの人は、ひとりで　はなびたいかいに行
　　　きました。
＊2　日本では、なつに　はなびたいかいがたくさん
　　　あります。
＊3　おとこの人は、日本で　はじめてはなびを見ま
　　　した。

会話・説明問題
「＊」の部分は録音されていません。

例題
─────────────────────────

女：すみません。あたまがいたいですから、
　　きょうはかえります。
男：わかりました。

─────────────────────────

問題　女の人は、どうしてかえりますか。
＊1　みみがいたいですから
＊2　あたまがいたいですから
＊3　はがいたいですから

いちばんいいものは2です。
ですから、例のように2をマークします。

1　男の人と女の人の会話を聞いてください。

─────────────────────────

男：これからベトナムりょうりのレストランへ行きま
　　す。
女：わぁ、いいですね。だれと行きますか。
男：チャンさんです。ミカさんもいっしょに行きま
　　しょう。
女：すみません。きょうはやくそくがありますから。
男：じゃ、またこんど。

─────────────────────────

問題22　男の人は、これから、どこへ行きますか。
＊1　チャンさんのいえです。
＊2　ベトナムです。
＊3　レストランです。

問題23　男の人は、だれと行きますか。
＊1　ひとりです。
＊2　チャンさんです。
＊3　チャンさんとミカさんです。

3　女の人の話を聞いてください。
ーーーーーーーーーーーーーーーーー
女：わたしは15さいまで10年間、タイにすんでいました。父がタイで、はたらいているからです。タイ語もよくわかります。でも2年前、日本の高校に入るとき、母とかえってきました。でも、わたしは、日本よりタイのほうがすきです。タイの大学に入りたいとおもっています。父は、わたしに、「はやくタイに来て」と言います。母は、「日本の大学に行って」と言います。わたしは、こまっています。
ーーーーーーーーーーーーーーーーー
問題26　女の人は、どうしてタイ語がわかりますか。
＊1　タイで　はたらいていますから
＊2　お父さんがタイ人ですから
＊3　タイにすんでいましたから

問題27　女の人は、今、何さいですか。
＊1　15さいです。
＊2　17さいです。
＊3　19さいです。

問題28　女の人について、話の内容と合っているのは、どれですか。
＊1　またタイにすみたいとおもっています。
＊2　来年、日本の大学に行きます。
＊3　タイより日本のほうがすきです。

4　女の人と男の人の会話を聞いてください。
ーーーーーーーーーーーーーーーーー
女：来年、アメリカに行きます。
男：えっ？　ぼくもですよ。マリアさんは、どうして？
女：りゅう学です。エンさんも？
男：ぼくは、しごとです。国の友だちがアメリカでかいしゃをつくりました。いっしょにはたらきます。
女：すごいですね。大学は、いつまで来ますか。
男：12月までです。マリアさんは？
女：わたしはやめません。休みます。りゅう学は半年だけですから。
ーーーーーーーーーーーーーーーーー
問題29　女の人は、アメリカで何をしますか。
＊1　べんきょうします。
＊2　はたらきます。
＊3　かいしゃをつくります。

問題30　学校をやめる人は、だれですか。
＊1　おとこの人です。
＊2　おんなの人です。
＊3　どちらもです。

問題31　男の人について、会話の内容と合っているのは、どれですか。
＊1　半年だけ、りゅう学します。
＊2　12月になったら、アメリカへ行きます。
＊3　友だちとアメリカでしごとをします。

これで聞くテストをおわります。

第4回 J.TEST実用日本語検定 （F-Gレベル）
正解とスクリプト

■ 読解問題　175点

《 文法・語彙問題 》 各3点（75点）			《 読解問題 》 各5点（50点）	《漢字問題》 各3点（30点）		《短文作成問題》 各4点（20点）
1) 3	11) 3	21) 3	26) 3	36) 4	41) 4	46) 4
2) 1	12) 1	22) 2	27) 2	37) 3	42) 2	47) 2
3) 1	13) 4	23) 4	28) 2	38) 4	43) 5	48) 3
4) 4	14) 4	24) 3	29) 4	39) 2	44) 5	49) 5
5) 2	15) 1	25) 3	30) 1	40) 3	45) 1	50) 4
6) 1	16) 2		31) 4			
7) 4	17) 4		32) 3			
8) 4	18) 2		33) 4			
9) 3	19) 3		34) 2			
10) 2	20) 3		35) 1			

■ 聴解問題　175点

《写真問題》 各5点（20点）	《聴読解問題》 各5点（15点）	《 応答問題 》 各5点（70点）	《 会話・説明問題 》 各7点（70点）
1) 2	5) 3	8) 3	22) 2
2) 3	6) 2	9) 3	23) 2
3) 1	7) 3	10) 2	24) 1
4) 3		11) 2	25) 3
		12) 1	26) 1
		13) 3	27) 2
		14) 2	28) 2
		15) 1	29) 1
		16) 3	30) 3
		17) 3	31) 3
		18) 1	
		19) 1	
		20) 3	
		21) 1	

写真問題

例題の写真を見てください。
例題　これは何ですか。
1　コップです。
2　いすです。
3　ノートです。
4　えんぴつです。

いちばんいいものは１です。ですから、
例のように１をマークします。

Aの写真を見てください。
問題１　これは、何ですか。
1　ベッドです。
2　れいぞうこです。
3　本だなです。
4　つくえです。

Bの写真を見てください。
問題２　ここは、どこですか。
1　やおやです。
2　にわです。
3　げんかんです。
4　きっさてんです。

Cの写真を見てください。
問題３　これで何をしますか。
1　ものをかいます。
2　はこをあけます。
3　本をコピーします。
4　かぎをかけます。

Dの写真を見てください。
問題４　女の人は、何をしていますか。
1　ピアノをならっています。
2　ピアノをひいています。
3　ピアノをおしえています。
4　ピアノをみがいています。

聴読解問題

例題を見てください。
男の人と女の人が話しています。

問題　男の人のかばんは、どれですか。
――――――――――――――――――――
男：わたしのかばんは、くろくて、大きいです。
女：これですか。
男：ええ、そうです。
――――――――――――――――――――
問題　男の人のかばんは、どれですか。

いちばんいいものは４です。ですから、
例のように４をマークします。

Eを見てください。
女の人と男の人が話しています。

問題５　男の人は、どれをかいますか。
――――――――――――――――――――
女：いらっしゃいませ。
男：みかんふたつと、りんごよっつください。
女：はい、どうぞ。
男：あ、りんごはふたつじゃありません、よっつです。
女：あ、ごめんなさい。
――――――――――――――――――――
問題５　男の人は、どれをかいますか。

Fを見てください。
男の人と女の人が話しています。

問題6　男の人のかぞくは、どれですか。
ーーーーーーーーーーーーーーーーーーー
男：みゆきさん、かぞくは、何人ですか。
女：4人です。父と母とあにがいます。森さんは？
男：5人です。つまとこどもが3人です。みんな女の
　　子なんですよ。
女：3人も？　にぎやかですね。
ーーーーーーーーーーーーーーーーーーー
問題6　男の人のかぞくは、どれですか。

Gを見てください。
男の人と女の人が話しています。

問題7　女の人は、こんしゅうの土よう日、何をしま
　　すか。
ーーーーーーーーーーーーーーーーーーー
男：ハンナさん、土よう日はいつも、何をしますか。
女：かいものに行ったり、いぬとさんぽしたりしま
　　す。
男：こんしゅうもですか。
女：いいえ、こんしゅうは、友だちが来ますから、い
　　えにいます。らいしゅう、ハイキングに行きます
　　から、みんなで話します。
ーーーーーーーーーーーーーーーーーーー
問題7　女の人は、こんしゅうの土よう日、何をしま
　　すか。

例題1　おはようございます。
1　おはようございます。
2　おやすみなさい。
3　さようなら。

例題2　おしごとは？
　　　　－かいしゃいんです。
1　わたしもかいしゃいんじゃありません。
2　わたしもかいしゃいんです。
3　わたしもいしゃです。

いちばんいいものは、例題1は1、例題2は2です。
ですから、例題1は1を、例題2は2を例のように
マークします。

問題8　これは、しおですか。
1　いいえ、あちらです。
2　そうですか。
3　はい、そうです。

問題9　何でおんがくを聞きますか。
1　ギターです。
2　レポートです。
3　ラジオです。

問題10　学校までどのくらいかかりますか。
1　8時です。
2　15分です。
3　かかりませんよ。

問題11　これは、何のジュースですか。
1　そうですよ。
2　バナナです。
3　わたしのです。

問題12　おいくつですか。
1　はたちです。
2　さんびきです。
3　いいえ、ちがいます。

問題13　さようなら。
1　こんばんは。
2　こちらこそ。
3　おげんきで。

問題14　そのシャツ、高かったでしょう？
1　3000メートルくらいですね。
2　いいえ、やすかったですよ。
3　きいろですから。

問題15　あ、はしらないでください。
1　ごめんなさい。
2　どういたしまして。
3　ごめんください。

問題16　けさ、先生にあいましたか。
1　ええ、きのう。
2　あ、またあいましたね。
3　いいえ、きょうは。

問題17　きょうしつにだれかいますか。
1　いいえ、かいません。
2　いいえ、シンさんは、いません。
3　いいえ、だれもいません。

問題18　ちょっとくらいですね。
1　ええ、でんきをつけましょう。
2　ええ、まどをしめましょう。
3　ええ、エアコンをつかいましょう。

問題19　けしゴムがありますか。
　　　　－いいえ。
1　じゃ、かしましょうか。
2　じゃ、かしてください。
3　じゃ、かしませんか。

問題20　ヨウさんは、来ましたか。
　　　　－いいえ、まだです。
1　はやいですね。
2　じゃ、はじめましょう。
3　こまりましたね。

問題21　あそこにとりがいます。
　　　　－え、どこですか。
1　木の上です。
2　きれいですね。
3　あおいとりです。

「＊」の部分は録音されていません。

例題
—————————————————————————
女：すみません。あたまがいたいですから、
　　きょうはかえります。
男：わかりました。
—————————————————————————
問題　女の人は、どうしてかえりますか。
＊１　みみがいたいですから
＊２　あたまがいたいですから
＊３　はがいたいですから

いちばんいいものは２です。
ですから、例のように２をマークします。

１　男の人と女の人の会話を聞いてください。
—————————————————————————
男：わたしは、キンです。ミャンマーから来ました。
　　しつれいですが、お名前は？
女：リンです。
男：ニンさんですか。
女：いいえ、リンです。ベトナムのハノイから来まし
　　た。
—————————————————————————
問題２２　女の人の名前は、何ですか。
＊１　キンです。
＊２　リンです。
＊３　ニンです。

問題２３　女の人は、どこから来ましたか。
＊１　ミャンマーです。
＊２　ベトナムです。
＊３　ハワイです。

２　女の人と男の人の会話を聞いてください。
—————————————————————————
女：もう６時半ですよ。かえりましょう。
男：どうぞ。わたしは、もうすこしいます。
女：しごとがおわりませんか。
男：いいえ。本を読みながら、おとうとをまっていま
　　す。９時にしんかんせんがつきますから、８時半
　　までかいしゃにいます。
女：そうですか。じゃ、お先に。
—————————————————————————
問題２４　女の人は、何時にかえりますか。
＊１　６時半です。
＊２　８時半です。
＊３　９時です。

問題２５　男の人は、これから何をしますか。
＊１　しごとをします。
＊２　しんかんせんにのります。
＊３　おとうとにあいます。

3　女の人の話を聞いてください。
ーーーーーーーーーーーーーーーーーー
女：わたしのあねは、りょこうがいしゃにつとめています。しごとでよくアメリカやイギリスへ行きます。あねは、大学生のとき、オーストラリアにりゅうがくしていましたから、えい語がじょうずです。いつもあねにおみやげをもらいます。これも、あねにもらったハンカチです。あねは、しごとはいそがしいですが、たのしいといっています。
ーーーーーーーーーーーーーーーーーー
問題２６　おねえさんは、何をしていますか。
＊１　かいしゃいんです。
＊２　きょうしです。
＊３　大学生です。

問題２７　おねえさんは、どこでべんきょうしましたか。
＊１　イギリスです。
＊２　オーストラリアです。
＊３　アメリカです。

問題２８　おねえさんについて、話の内容と合っているのは、どれですか。
＊１　しごとはいそがしいですから、あまりすきじゃありません。
＊２　いつもいもうとにおみやげをかいます。
＊３　外国語がわかりません。

4　男の人と女の人の会話を聞いてください。
ーーーーーーーーーーーーーーーーーー
男：エンさん、あしたはかんじのテストですね。ぼくはかんじがにがてですから、きょうは３時間べんきょうします。
女：え？　わすれていました。
男：エンさんは中国人ですから、かんじはかんたんでしょう？
女：いいえ。日本語のかんじは同じじゃないですから。
男：そうですか。じゃ、これからいっしょにべんきょうしませんか。
女：いいですよ。でも、２時からアルバイトがありますから、１時間だけですが。
男：はい。としょかんでいいですか。
女：ええ。わたしは、きょうしつのそうじがおわってから、行きますね。
男：わかりました。
ーーーーーーーーーーーーーーーーーー
問題２９　男の人は、エンさんと何時間べんきょうしますか。
＊１　１時間です
＊２　２時間です。
＊３　３時間です。

問題３０　女の人は、このあとまず、何をしますか。
＊１　アルバイトをします。
＊２　としょかんへ行きます。
＊３　そうじをします。

問題３１　会話の内容と合っているのは、どれですか。
＊１　きょう、テストがありました。
＊２　女の人は、日本語のかんじがむずかしくないです。
＊３　男の人は、中国人ではありません。

これで聞くテストをおわります。

J.TEST実用日本語検定 (F-G)

名前
Name

◆ 名前をローマ字で書いてください。
Write your name in roman letter.

◆ 漢字名がある人は、漢字で名前を書いてください。
Write your name in Kanji if you have.

名前 (漢字)
Name (Kanji)

◆ 受験番号を書いてください。
Write your Examinee Registration Number below.

◆ 下のマーク欄に受験番号をマークしてください。
Mark your Examinee Registration Number below.

受験番号
Examinee Registration Number

注意 [Note]

1. えんぴつ(HB～2B)でマークしてください。
   Use a black soft(HB～2B/No.1 or No.2)pencil.
2. 書きなおすときは、消しゴムできれいに消してください。
   Erase any unintended marks completely.
3. きたなくしたり、おったりしないでください。
   Do not soil or bend this sheet.
4. マーク例 Marking Examples.

よい例 Correct	わるい例 Incorrect

◇ 読解 [Reading]

◇ 聴解 [Listening]

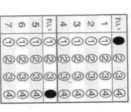

J. TEST 実用日本語検定 問題集[F-Gレベル]2019年

2020 年 1 月 27 日　初版発行
＜検印廃止＞

著　者　日本語検定協会／J. TEST 事務局
発行者　秋田　点
発　行　株式会社語文研究社
〒136-0071　東京都江東区亀戸1丁目42-18　日高ビル8F
電話　03-5875-1231　　FAX　03-5875-1232

販　売　弘正堂図書販売株式会社
〒101-0051　東京都千代田区神田神保町 1-39
電話　03-3291-2351　　FAX　03-3291-2356

印　刷　株式会社大幸